Theory and Practice of China's New-type Urbanization Development

中国新型城镇化发展理论与实践

■ 中国指数研究院 著

经济管理出版社
ECONOMY & MANAGEMENT PUBLISHING HOUSE

图书在版编目（CIP）数据

中国新型城镇化发展理论与实践/中国指数研究院著. —北京：经济管理出版社，2014.11
ISBN 978-7-5096-3440-0

Ⅰ. ①中… Ⅱ. ①中… Ⅲ. ①城市化—发展理论—研究—中国 Ⅳ. ①F299.21

中国版本图书馆 CIP 数据核字（2014）第 243012 号

组稿编辑：勇　生
责任编辑：勇　生　郑　亮
责任印制：黄章平
责任校对：超　凡

出版发行：经济管理出版社
（北京市海淀区北蜂窝 8 号中雅大厦 A 座 11 层　100038）
网　址：www. E-mp. com. cn
电　话：（010）51915602
印　刷：三河市延风印装厂
经　销：新华书店
开　本：787mm×1092mm/16
印　张：13
字　数：248 千字
版　次：2014 年 11 月第 1 版　2014 年 11 月第 1 次印刷
书　号：ISBN 978-7-5096-3440-0
定　价：198.00 元

《中国新型城镇化发展理论与实践》编委会名单

序　言

诺贝尔经济学奖获得者斯蒂格利茨曾断言，21 世纪影响世界进程和改变世界面貌的两件大事：一是美国的高科技，二是中国的城镇化。毋庸置疑，城镇化是中国经济增长和社会发展的强大引擎，不仅将改变和重塑中国的发展路径，也将对世界的经济发展产生重大影响。

改革开放以来，我国城镇化发展迅速，1978~1996 年，城镇化率由 17.9%上升至 30.5%，首次突破 30%；1997~2011 年，城镇化加速发展，城镇化率由 31.9%上升至 51.3%，首次突破 50%；2012 年，城镇人口更是突破 7 亿。当前，我国仍处于城镇化的加速发展阶段，城镇化发展面临着国际国内的历史机遇，也承受着环境、资源、资金、制度等各方面的制约。中共十八大提出推进新型城镇化建设，意在改变原有的城镇化发展模式，推动城镇化的可持续发展。2014 年 3 月，《国家新型城镇化规划（2014~2020 年）》出台，对新型城镇化的指导思想、发展目标、实施重点、体制建设等都作出了具体、明确的部署，借此，我国城镇化将进入新的发展阶段，对城镇化的研究具有重要的现实意义。

在此背景下，中国指数研究院通过深入研究城镇化的相关理论，调研城镇化的实践案例，撰写了《中国新型城镇化发展理论与实践》。全书分为四篇：第一篇“中国城镇化发展概况”，系统梳理了中国城镇化发展的历程，分析了其存在的问题、面临的挑战和机遇，同时解析了新型城镇化的内涵、特征及意义；第二篇“城镇化发展理论”，从城镇化与城乡统筹、基础产业、土地制度改革、城市群发展等的关系入手，全方位分析了城镇化与关联影响要素的内在联系；第三篇“城镇化实践与国外经验”，结合新型城镇化发展的核心特征，发掘了新型城镇化实践中优秀企业的成功案例，同时研究了发达国家城镇化建设的经验，以期为我国的城镇化建设提供有价值的参考；第四篇“新型城镇化的发展展望”，透析了新型城镇化发展趋势及其为包括“绿色”产业、服务业以及房地产业等在内的多元产业带来的机遇，并探讨了新型城镇化推进过程中可配套实施的相关政策。本书强调理论与实践相结合，不仅具有有力的理论支撑，更有贴近现实的翔实案例，突出了全面性和实用性，对我国城镇化健康、持续发展具有重要的指导和启示意义，可供城镇化相关产业的管理者，政府相关部门的决策者，相关研究领域的科研工作者、教育工作者等人员参考。

特别感谢苏州中新集团、天津天房集团、上海正大新生活集团为本书案例的撰写提供了大量的企业信息和资料，分享了企业在新型城镇化实践中取得的成功经验。它们在新型城镇化领域勇于探索和不断创新的精神，让我们看到了新型城镇化前进的步伐和未来的希望。在此，我们代表编委会再次表示诚挚的谢意！

我们对中国新型城镇化的发展充满了美好的憧憬，相信未来的城镇化带给人们的将不仅是具有居住功能的家园，更是人们精神生活的家园和心灵的归属。期待您在阅读本书后，能够感受到城镇化所蕴藏的无穷魅力！

中国指数研究院

2014 年 8 月

目　录

第一篇　中国城镇化发展概况

第二篇　城镇化发展理论

第四篇　新型城镇化的发展展望

第一篇
中国城镇化发展概况

本篇系统梳理了中国城镇化发展的历程，评估了当前城镇化的发展水平，详细分析了城镇化过程中存在的问题以及面临的挑战和机遇。同时，阐述了新型城镇化战略的形成，剖析了其内涵、特征及对我国经济社会发展的意义。

第一章　中国城镇化的发展历程与现状

第一节　中国城镇化的发展历程

亚里士多德有句名言："人们为了生活而来到城邦，为了更好的生活而留在城邦。"可见城市给人们带来了更美好的生活，而城市的美好不仅表现在建筑的宏伟与市场的繁荣，更重要的是承载了人类的文明，见证了人类的进步。城镇化的过程是人类社会进步的必经历程，亦是人类社会结构变革中的一个重要线索。

中国是世界著名的文明古国，中华文化源远流长，而中国也是世界上城镇出现最早的国家之一。秦以前是中国古代城镇的起源和初期发展时期，出现了中国早期的城市，但那时的城市数量较少、规模偏小、功能较单一。自秦统一全国，中国古代都城—郡城—县城三级城镇体系初步形成，城镇发展迎来了新的时期。随着社会的发展和中央集权制度的演进，中国古代的城镇发展也日益推进。隋代，全国有郡 194 个，是秦时的 4.85 倍，县 1225 个，较秦增加了 50%左右。唐代，大中商业城市大量出现，城乡人口超过 10 万的大城市有 15 个，据《长安志》载，长安城内外总人口约 60 万，"百千家似围棋局，十二街如种菜畦"是唐代著名诗人白居易对长安城的写实，可见其发达程度。北宋时期是中国城市发展的又一高峰时期，传统的坊市制被打破，新型的城市型聚落——镇、市开始显现，大中城市持续发展，首次出现了开封这样百万人口的特大城市。元、明、清三代共同造就了我国城市发展史上最为雄伟、辉煌的都城——北京。明清时期镇大量涌现，如长江三角洲上的苏州、松江、常州、杭州、嘉兴和湖州六府在宋代有 71

个市镇，明代增至316个，清代增至479个。鸦片战争后，在外来资本和工业化生产商品的冲击下，中国城市中的传统工商业纷纷破产，由于交通不便、信息闭塞等原因，大部分内陆城市发展陷入停滞甚至衰弱状态。与此同时，上海、天津、广州等一些沿江沿海城市，凭借优越的地理位置和开放的经济，逐渐成为全国或区域的经济中心。

中国近现代的城镇化发展具有明显的自然环境和地缘政治指向性。新中国成立前，由于工业发展缓慢、政治动荡等因素，城镇化发展缓慢，同时具有明显的不均衡性。1949年新中国成立时，城镇化率只有10.6%，远低于世界28%的平均水平，也低于当时发展中国家16%的平均水平。新中国成立以来，我国城镇人口规模由1949年的不足6000万人增加到2012年的7.12亿人，城镇化率由10.6%上升至52.57%，城镇化道路经历了起步—调整—快速—加速的曲折过程，如图1-1所示，大体可分为以下5个时期。

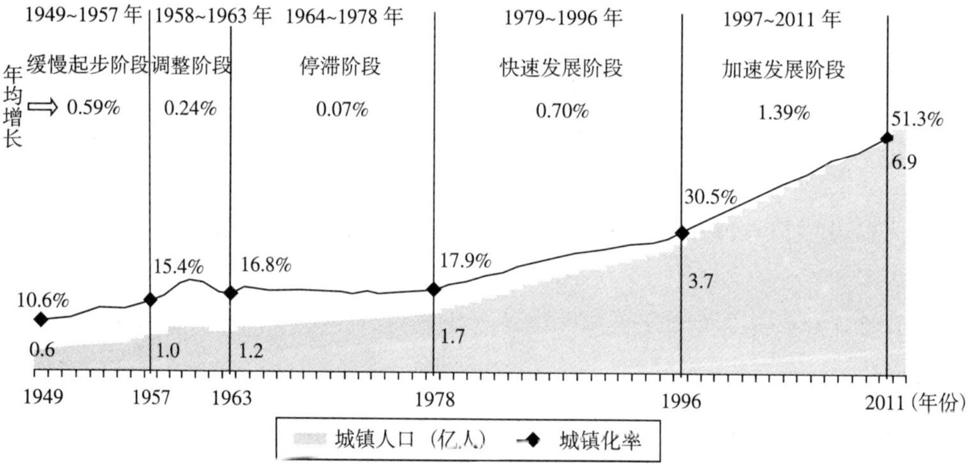

图1-1　1949~2011年我国城镇人口及城镇化率

注：1981年及以前为户籍统计数。

资料来源：国家统计局、CREIS中指数据、fdc.fang.com。

一、缓慢起步阶段（1949~1957年）

国民经济恢复和第一个五年计划时期，我国城镇发展进入起步阶段。1949~1952年，是新中国的国民经济恢复时期，在短短的3年时间里，新中国的各项经济指标就恢复到了中国历史上的最好水平。随着国民经济的恢复和发展，社会秩序安定，原先受战争影响迁往农村的人口陆续返回城中，1952年全国城市人口为 7163 万人，占总人口比例为 12.5%。1953~1957 年我国实施第一个五年计划，在计划经济体制下，156 个重点项目全面展开，大规模的工业建设吸引大批农民进入工厂和矿区，工业化带动了城镇化，这 5 年也成为我国经济发展、人口增长最快的时期之一。城镇人口由 1949 年的近 0.6 亿人增加到 1957 年的近 1 亿人，城镇化率由 10.6%提升至 15.4%，年均增长 0.59 个百分点。1955 年 6 月和 12 月，国务院分别颁布了《关于市政建制的决定》和《关于城乡划分标准的决定》，初步规范了我国城镇的有序发展。

二、调整阶段（1958~1963 年）

1958 年开始了三年“大跃进”，由于我国建设社会主义经验不足，制定了过高的计划指标，三年间城镇人口急剧膨胀，由 1957 年的不足 1 亿人增加到 1960 年的 1.3 亿人，城镇人口比重由 15.4%上升至 19.7%，年均上升 1.45 个百分点，但城镇人口增长与当时的工农业生产水平严重不匹配。“大跃进”带来的城市人口过快增长明显超过了当时粮食供应的承受能力。1961 年起，为了缓解饥荒，我国开始大规模地压缩城市人口，动员城市人口回流农村，1961~1963 年城镇化水平平均每年下降 1 个百分点，成为中国城镇化水平下降最快的年份，1963 年城镇人口比重缩减至 16.8%。

三、停滞阶段（1964~1978 年）

“文革”时期，刚刚恢复的国民经济再受重创，城镇化减缓甚至停滞。全国城镇人口由 1963 年的 1.16 亿人缓慢增加到 1978 年的 1.72 亿人，平均每年增长 373 万人，城镇化水平处于相对停滞状态。其间，由于推行大规模的“上山下乡”运动和工厂内迁，大批干部、知识青年、城市人口被迁往农村，城镇化率 1968~1972 年连续 5 年下降，城镇人口比重由 1964 年的 18.4%下滑至 1978 年的 17.9%，而这一时期全国总人口年均增长 1806 万人，约为城镇人口年均增长量的 5 倍。

四、快速发展阶段（1979~1996 年）

改革开放与社会主义市场经济体制的建立，为城镇化发展提供了便利条件，而且1978年的全国第三次城市工作会议、1986年的“七五计划”及1990年实施的《城市规划法》均提到“控制大城市的规模，积极发展小城市”。在这些政策的指导下，我国的城镇化建设进入了快速发展的阶段。中共十一届三中全会后，农村经济体制改革的率先推进，大大解放了农村生产力，乡镇企业蓬勃兴起，推动了小城镇的迅猛发展。1979年前后实施的一系列政策，使2000多万上山下乡的知识青年和下放干部及其家属陆续返城，城镇人口迅速增加，我国的城镇化水平也由1978年的17.9%上升至1984年的23%。1984年开始，经济体制改革的重点由农村转向城市，小城镇不断兴起，沿海开放战略的实施使沿海城市率先发展，1991年底的城镇化水平达到26.9%。以邓小平南方谈话为标志，1992年我国改革开放进入了一个新的阶段，城镇化建设在经济发展中持续推进，1995年全国城市数量达到640个，建制镇增加至17532个，城镇总人口超3.5亿人，城镇化水平达29%，1996年城镇化率更是上升至30.5%，首次突破30%。

五、加速发展阶段（1997~2011年）

根据发达国家经验，城镇化率突破30%后将迎来加速发展时期。随着政策支撑力度的增强，我国城镇化进程也进入快速发展阶段。2000年《国民经济和社会发展第十个五年计划纲要》发布，除了坚持以小城镇为主的城镇化发展战略外，还强调实现大、中、小城市的合理和协调发展。在此阶段，由于更为开放的经济、社会环境，大城市吸引了更多的人口进入。截至2003年底，中国建制市总数达660个，其中特大城市34个，人口100万~200万大城市72个，人口50万~100万的中等城市113个，人口50万以下的小城市441个。2007年中共十七大报告指出，“走中国特色城镇化道路，按照统筹城乡、布局合理、节约土地、功能完善、以大带小的原则，促进大中小城市和小城镇协调发展”，并强调要“以增强综合承受能力为重点，以特大城市为依托，形成辐射作用大的城市群，培育新的经济增长极”。1997~2011年，我国城镇化率由31.9%上升至51.3%，首次突破50%，年均增长1.4个百分点，是前一个阶段的近两倍，2012年我国城镇人口更是突破了7亿人。

第二节 中国城镇化发展现状评估

一、中国城镇化发展水平

伴随着经济发展，我国的城镇化进程日益加快，城镇化水平快速提高，特别是改革开放以来，城镇化建设取得了长足的进步，城市已经成为经济社会发展的核心载体。国内专家学者从多种角度对城镇化发展水平进行评判，包括工业化和城镇化的比较、中国与国际同类国家或不同类国家相同发展阶段的城镇化情况比较等。本节将应用美国著名经济学家霍利斯·钱纳里发展模型的研究成果，对照分析中国人口城镇化与其工业化、经济发展水平之间的关系，进而探讨中国城镇化的发展水平。

通过对世界上 100 多个国家的经济数据的连续观测与归纳总结，钱纳里构造出一个著名的“发展模型”，进而求出一个经济发展的“标准结构”，即经济发展不同阶段所具有的经济结构的标准数值。该模型描述了伴随发展中国家经济增长过程而出现的结构变动，并着力分析了经济增长与结构变动之间的相互作用。模型采用截面模型和时间序列相结合的分析方法，通过对大量数据的筛选分析，得出在正常发展条件下，人口城镇化、非农化、工业化水平与经济发展之间的相互关系。该模型被广泛地用于评估及预测国家或地区经济社会发展的合理性，也用于评估国家或地区城镇化水平与经济发展的适应程度等。本文采用钱纳里模型从与经济发展适应耦合的角度对我国的城镇化水平做出评估。

基于钱纳里的研究成果，对同一收入水平下常态城镇化水平与中国城镇化水平的对比分析显示，中国的城镇化水平相对滞后。如表 1-1 所示，在人均国民收入水平达到 100 美元时，中国的城镇化水平与发展模型中的常态水平仅相差 4.62 个百分点，相对比较接近；达到 200 美元时，两者的差距迅速拉大至 18.28 个百分点；达到 800 美元时，根据“发展模型”推算，我国的城镇化水平应该为 60.1%，而实际水平仅为 34.78%，低于理论值近 25.32 个百分点；达到 1000 美元以上时，钱纳里模型没有具体的数据。一般认为，城镇化水平达到 70%才进入稳定水平状况；假设达到 1000 美元以上时，常态城镇化水平为 75%，则我国

表 1-1 相同收入水平下常态城镇化水平与中国城镇化水平比较

人均 GNP（美元）	100	200	300	400	500	800	1000	1000+				
常态城镇化（%）	22.00	36.20	43.90	49.00	52.70	60.10	63.40			75.00		
中国城镇化（%）	17.38	17.92	24.52	26.94	27.99	34.78	39.09	41.76	44.34	46.99	49.95	51.27
中国的偏差（%）	4.62	18.28	19.38	22.06	24.71	25.32	24.31	33.24	30.66	28.01	25.05	23.73

资料来源：钱纳里等. 发展的模型 1950~1970［M］. 北京：经济科学出版社，1975；国家统计局。

的城镇化水平还具有较大的差距，发展空间依然较大。

作为推动现代经济发展的基本动力和主导力量，工业化和城镇化具有相辅相成的密切关系。工业化是加快经济社会发展的第一推动力，是城镇化的发动机；城镇是工业经济的载体和平台，工业化必须以城镇化为基础和支撑。钱纳里模型表明：在经济社会发展的早期，工业化会快于城镇化的发展，当两者均达到13%的水平后，城镇化的进程将快于工业化。在相同人均国民生产总值下，对钱纳里模型中城镇化与工业化的偏差和中国的数据进行对比分析显示（见表 1-2、图1-2）：第一，钱氏的偏差一直在零轴之上，而中国的偏差一直在零轴之下。换言之，在国际的一般模型中，城镇化随着工业化加速推进，且城镇化的速度会超过工业化的速度，而中国的情形刚好相反，城镇化的推进速度远远低于工业化的速度，这种情形在人均国民生产总值为 200 美元时最显著，两者的偏差值为-26.38 个百分点，之后有所改善。第二，虽然中国的偏差始终位于零轴之下，但是偏差程度呈下降趋势。在人均国民生产总值达 1000 美元时，两者偏差仅为-5.71 个百分点，虽然仍为负值，但较以往有较大的改进。

表 1-2 城镇化水平与工业化水平的比较

人均 GNP（美元）	钱氏“发展模型”			中国		
	城镇化水平（%）	工业份额（工业占 GNP）（%）	偏差（%）	城镇化水平（%）	工业化水平（%）	偏差（%）
100	22.0	14.9	7.1	17.38	36.8	-19.42
200	36.2	21.5	14.7	17.92	44.3	-26.38
300	43.9	25.1	18.8	24.52	38.9	-14.38
400	49.0	27.6	21.4	26.94	37.4	-10.46
500	52.7	29.4	23.3	27.99	40.8	-12.81
800	60.1	33.1	27.0	34.78	42.7	-7.92
1000	63.4	34.7	28.7	39.09	44.8	-5.71

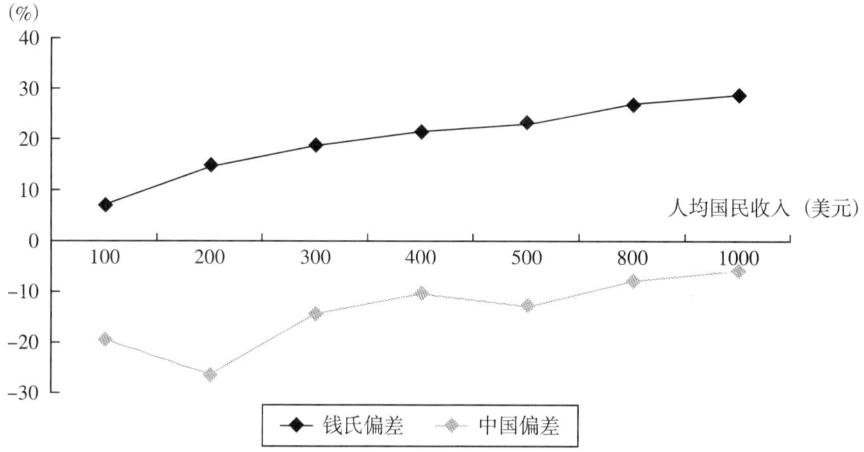

图 1-2 钱氏偏差与中国偏差的对比

资料来源：钱纳里等. 发展的模型 1950~1970［M］. 北京：经济科学出版社，1975；国家统计局。

总体而言，虽然新中国成立以来我国的城镇化水平不断提升，但是基于钱纳里“发展模型”的研究结论，与我国高速发展的经济和工业化进程比较而言，我国的城镇化水平仍处于相对滞后的状态，尽管近年来有了较大的改善，但依然存在较大的改进空间。

二、中国城镇化的发展阶段

经过几十年的发展，我国的城镇化达到了一定的水平，而其到底处于什么样的阶段，是否符合世界城镇化的一般规律，国内的专家学者对此看法并不统一，而普遍的观点认为我国已经进入城镇化的加速发展阶段。

通过对英、美等西方国家工业化进程中城镇化率的变化趋势进行分析，美国城市地理学家诺瑟姆于 1979 年提出了城镇化发展的一般规律：一个国家或地区城镇化的轨迹为一条稍被拉平的“S”形曲线，可分为初始、加速和后期三个阶段，如图 1-3 所示。

初始阶段：城镇化水平达到 10%就表明城镇化进程开始启动，该阶段城市人口占总人口比重在 30%以下。这一阶段第一产业和乡村人口在经济社会结构中占很大比重，工农业生产水平较低，工业提供的就业机会有限，农业剩余劳动力释放缓慢。城镇化发展水平低，速度进程较慢。

加速阶段：该阶段城市人口占总人口比重在 30%~70%，工业化进程加快，工业基础较为雄厚，经济实力明显增强，工业吸纳农村剩余劳动力的能力大大提升。城市规模迅速扩大，数量快速增多，城市人口比重可能在短短的几十年内突

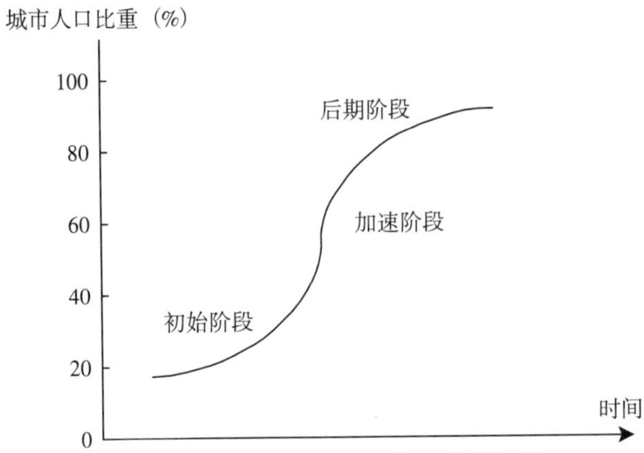

图 1-3　城镇化进程的“S”形发展规律

资料来源：Ray M Northam. Urban Geography［M］. New York：John Wiley&Sons，1979.

破 50%直至 70%，为城镇化发展的加速阶段。

后期阶段：该阶段城市人口占总人口比重在 70%~90%，经济发展以第三产业和高科技产业为主导，农村人口的相对数量和绝对数量都已经不大，城市人口增长速度趋缓甚至出现停滞，城市人口增长处于稳定的发展时期，城乡差别越来越小，区域空间一体化加强，并有可能出现逆城镇化现象。

1996 年，我国城镇化率达 30.5%，首次突破 30%，根据诺瑟姆的“S”形城镇化进程曲线，我国城镇化将进入加速发展阶段。事实也是如此，1997~2011 年，我国城镇化率由 31.9%上升至 51.3%，首次突破 50%，年均增长 1.4 个百分点，远高于前期的年均增长率，城镇人口规模接近 7 亿。2013 年我国城镇化率为 53.7%，根据《国家新型城镇化规划（2014~2020 年）》，2020 年城镇化率要达到 60%左右，借此，2013~2020 年的年均增长率仍需保持在 1 个百分点以上。预计至 21 世纪 30 年代，我国的城镇化率将达到 70%左右，可见在未来 20 年左右的时间里我国的城镇化仍将在各项政策的推动下加速发展。

第三节　中国城镇化存在的问题

改革开放以来，伴随着经济的快速发展，我国城镇化建设持续推进，并取得了令人瞩目的成绩。然而，受体制机制和建设经验不足等因素综合作用的影响，在既往的城镇化发展过程中也累积了许多突出的问题。

一、土地城镇化快于人口城镇化

人口城镇化和土地城镇化是城镇化的有机组合，人口城镇化是城镇化的核心，而土地城镇化则为人口城镇化提供了相应的基础设施等物质条件。人口城镇化是人口向城镇集中的过程，这一过程包括经济活动和社会活动的转移，即人口向城镇集中的同时，不仅生产方式由农业转变为第二和第三产业，人们的生活方式、行为习惯、社会组织关系、价值观念等也随之发生改变。土地的城镇化则是城镇景观的地域推进过程，包括在农业区甚至未开发区修建新的城镇，将已有城镇向外围扩展，将农用地或者未利用地转变成建设用地，土地性质的改变带来了土地利用方式和利用程度的变化，更集约的空间配置和更高效率的土地结构形态由此形成。人口城镇化与土地城镇化的协调发展是城镇化发展质量的有效保障，而我国的城镇化存在人口城镇化滞后于土地城镇化，两者之间发展不协调的问题。

我国城镇化过程的一个突出特点是，城市建成区规模快速增长，而城镇人口的增速相对较低，土地城镇化速度明显快于人口城镇化速度。图 1–4 的数据显示，中国城市建成区的总规模 1996 年为 20214 平方公里，2012 年扩大至 45565.76 平方公里，增长了 2.25 倍；而同一时期，城镇人口由 3.73 亿人增长至 7.12 亿人，增加了 1.91 倍。从年均增长率来看，1996~2012 年全国城镇人口平均增长率为 3.87%，而建成区面积平均增长率达到 4.90%。可见，土地城镇化的速

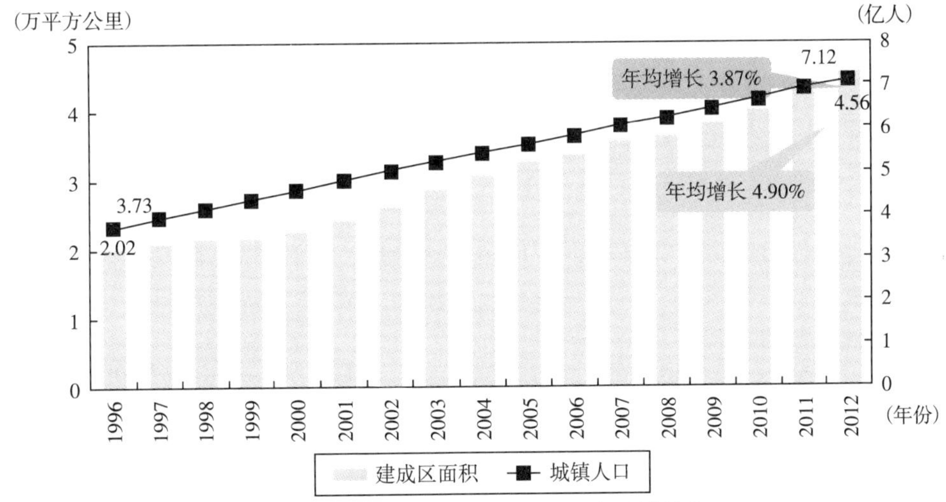

图 1–4　1996~2012 年全国建成区面积及城镇人口

资料来源：国家统计局。

度快于人口城镇化的速度，单位面积城镇土地上所承载的人口数量有所减少。

此外，我国流动人口总量大，并且在不断增加之中。若以户籍人口计算，人口城镇化的速度更低。根据全国第五次和第六次人口普查数据，2000 年全国流动人口为 0.8 亿，2010 年增长到 2.2 亿，10 年间全国流动人口总数增长了 1.4 亿，并且数量仍在不断增加，据统计局统计，2012 年流动人口增加至 2.36 亿人。由于流动人口不断增长，但各地吸纳转化流动人口的能力有限，绝大多数流动人口不能真正融入城市，未能享受到与户籍密切相关的社保、医疗、子女教育等福利，他们的存在拉高了人口的城镇化率。所以，真正享受市民待遇的户籍人口城镇化率与土地城镇化水平的差距更大。

二、城乡二元发展差距拉大

城镇化的快速推进使城乡差异日益拉大。由于城镇化实行的是城市偏向政策，甚至不惜牺牲农村、农民利益发展城市，导致发达的城市与凋敝的乡村并存，城乡差距明显。从城乡人均收入情况来看，2010 年城镇和农村居民的收入分别达到 19109 元和 5919 元，收入差距的绝对值由 2000 年的 4027 元上升至 13190 元，差异倍数由 1.8 倍扩大至 2.2 倍。随着土地城镇化进程的发展，农村失地农民数量不断增多，但由于农村产业发展尚处在较低水平，农民一方面不能继续通过耕种从土地获取收益，另一方面又没有机会或能力到城市从事其他工作，城乡间产业经济发展的不平衡造成了城乡居民生活水平的失衡。

从身份的差别来看，我国特有的户籍制度人为地划分城乡居民的身份，形成“市民”和“农民”两种不同的身份。1958 年，我国颁布了第一部户籍相关法规《中华人民共和国户口登记条例》，确立了严格的户口管理制度，且带有明显的“城乡二元分割”特征。身份不同，享有的社会福利待遇不同，农民在教育、医疗保障、养老保险等各种社会福利方面远远不及市民。随着改革开放的深入，户籍制度也逐渐得到改革，2001 年国务院批转了公安部《关于推进小城镇户籍管理制度改革的意见》，规定对办理小城镇常住户口的人员，不再实行计划指标管理；2009 年 12 月，中央经济工作会议在部署 2010 年经济工作的主要任务时明确提出，要把解决符合条件的农业转移人口逐步在城镇就业和落户作为推进城镇化的重要任务，放宽了中小城市和城镇户籍限制；2014 年 7 月 30 日，国务院《关于进一步推进户籍制度改革的意见》明确指出，要“建立城乡统一的户口登记制度”。然而，消除城乡差异的路依然任重道远，城乡二元发展依然是我国城镇化发展过程中面临的重要问题。

三、不同区域间发展不均衡

我国幅员辽阔，由于各区域在自然条件、历史基础、人口资源、经济发展水平、产业结构和生产布局等方面的差异，城镇化水平的区域差异十分显著。人口、环境和经济等资源禀赋优越的区域城镇化发展速度较快，如东部地区尤其是东南部，凭借怡人的气候和优越的地理条件，聚集了大量的人口，加之改革开放以来经济持续高速增长所形成的人口集聚优势，城镇化进程较快，而经济相对落后的中西部地区，城镇化的发展速度与东部地区存在着一定的差距。

统计局数据显示，目前我国东部各省市的城镇化水平普遍高于中西部。受长三角、珠三角及京津冀城市群的带动作用，东部地区整体城镇发展较快。如表1-3所示，截至2012年，上海、北京、天津的城镇化率均已超过80%，其中上海的城镇化水平接近90%；而中西部仅有重庆和湖北在全国平均水平之上。从发展的角度讲，中西部地区土地资源丰富，且人口众多，尤其是农村剩余劳动力基数大，加上相对低廉的土地成本，为未来的城镇化提供了良好的基础。随着东部产业转型升级，中西部通过承接产业转移促进本地城镇化，未来发展潜力较大。

表1-3　2012年各省市[1]城镇化水平

地区	省（市、自治区）	城镇化率（%）	地区	省（市、自治区）	城镇化率（%）	地区	省（市、自治区）	城镇化率（%）
东部	上海	89.30	西部	重庆	57.00	西部	西藏	22.75
	北京	86.20		宁夏	50.67	中部	湖北	53.50
	天津	81.55		陕西	50.02		山西	51.26
	广东	67.40		青海	47.44		江西	47.51
	浙江	63.20		新疆	43.98		湖南	46.65
	江苏	63.00		四川	43.53		安徽	46.50
	福建	59.60		广西	43.53		河南	42.43
	山东	52.43		甘肃	38.75	东北	辽宁	65.65
	海南	51.60		云南	39.31		黑龙江	56.90
	河北	46.80		贵州	36.41		吉林	53.70

资料来源：国家统计局。

① 不包括港澳台。

此外，社会经济发展水平的悬殊导致区域间不同城市的城镇化水平差异巨大。我国在改革开放初期采取了沿海地区优先发展的经济发展战略，但从 30 余年的发展结果来看，由沿海地区发展来带动中西部地区梯次发展的所谓“雁行发展模式”或“梯度发展模式”未能如愿出现，东、中、西部经济发展差异日益拉大。从各地区人均 GDP 差距来看，2000 年长三角与西南地区人均 GDP 差距不足万元，而 2010 年底该数字已超过 35000 元。社会经济的发展直接导致区域中城市的城镇化水平呈现较大差异，如图 1-5 所示，2012 年，上海、北京、广州等城市城镇化率已超过 80%，而遵义、亳州等多数中西部城市远不及全国平均水平。

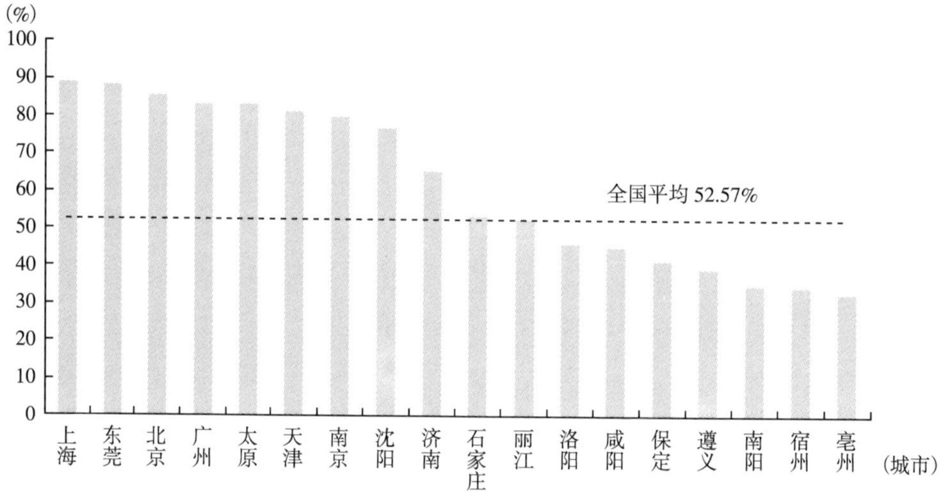

图 1-5 我国 2012 年部分城市城镇化水平

资料来源：国家统计局、地方统计局。

四、城镇化过程中的环境问题

城镇化是一把“双刃剑”，中国高速推进的城镇化一方面扩大了内需，优化了产业结构，有效推动了经济社会的发展；另一方面，由于我国城镇化基本上走的是一条外延扩张式发展道路，以高消耗、高排放、高扩张为基本特征，由此带来了严重的环境污染，并影响了整个生态环境。

城镇化的过程中，人口高速向城镇大规模聚集，废水、废气、固体废弃物的产生量也快速上升，降低了环境自我恢复能力，加剧了环境污染的程度。生活污水是人们日常生活中所产生的具有恶臭味的弱碱性水，除了有各种化学危害物外，还有细菌和病毒等，如果不能得到及时有效的处理，生活污水一旦进入江河湖泊，将造成更大范围的影响。2000 年，我国城镇新增人口 2158 万人，生活污水排放的累计增加量为 10.38 亿吨；2010 年，我国新增城镇人口 4371 万人，生活污水排放的累计增加量高达 130.16 亿吨，而 2001~2010 年城镇生活污水处理率平均值仅为 42.2%，未经处理的 1800 多亿吨生活污水排放严重污染了城市的水环境。

此外，非农产业迅速发展，城镇中工业与生活废气（包括二氧化硫、烟尘、粉尘等）排放量明显增加，导致大气污染加重；城镇人口的不断集中也使固体废弃物产生量剧增，其中城镇生活垃圾产生量快速上升，2001~2011 年年均增长近 10%，致使“垃圾围城”现象屡见不鲜。在城镇土地日益稀缺、生态门槛不断提高的情况下，大量污染企业为降低生产成本向郊区与农村迁移，污染物向农村的转移与扩散，加重了农村的水、土壤和大气污染。这不仅影响了当地的生态环境，而且威胁了当地居民的身体健康，很多受污染地区农村居民的饮用水、食物及空气中的致癌物质不断增多，致使癌症病发率逐步增加，“癌症村”越来越多。

五、等级化的城镇管理体制

等级化的城镇管理体制影响着各城市的资源分配。如图 1-6 所示，我国城市实行金字塔式的等级行政管理体制，公共资源的配置主要由行政权力主导，导致了公共资源首先重点配置在首都、直辖市和省会等高等级城市，造成不同等级城市间差距日益明显，高等级城市资源过度集中，新兴小城镇增长乏力。2000~2010 年，我国地级以上城市市辖区的建成区面积增长了 95.8%，而同期我国县级以下城镇建成区面积仅增长 50.9%。同时政府公共财政投入多倾向于行政级别高的城市，根据 2010 年《中国城市统计年鉴》统计数据显示，2010 年我国县、地级市市辖区、省会城市市辖区和直辖市市辖区人均一般预算内财政支出为 1：2.1：2.4：6.7。在等级化城镇管理体制的影响下，人口逐步向拥有资源优势的高等级城市集中，由于政府公共服务资源的配置与行政级别相挂钩，缺乏完善配置、发展受制约的小城镇很难吸引追求更高收入及公共服务水平的外来人口迁入。

图 1-6　中国城市行政等级划分

资料来源：中国指数研究院整理。

第四节　中国新型城镇化面临的挑战

2014 年 3 月，国家发改委会同公安部、财政部、国土部等 14 部门编制出台了《国家新型城镇化规划（2014~2020 年）》，预示着新型城镇化已经整装待发。新型城镇化将成为支撑中国未来发展的重要战略之一，但是其在发展的过程中仍面临着诸多挑战。

一、农民市民化过程中的资金挑战

农民市民化是指在合理的制度安排下，具有“农民”身份的群体，包括离农务工经商的群体，突破重重障碍，最终转变为市民的过程和现象。农民转变为市民是我国推进新型城镇化建设的关键所在，是一项长期的艰巨任务，其转变的过程包括以下三个方面：①身份的转变，由原来的农民身份转变为市民；②职业的转变，由原来从事第一产业的农业劳动者或非正式劳动力市场上的农民工，转变为正规劳动力市场上的非农产业工人；③社会福利的转变，由农民转变为市民后，在养老、医疗、子女教育、低保等各个社保领域享有与城市居民同等的权利，同时享受城市公共服务均等化。可见，农民市民化不仅是身份的转变，关键是使农民获得与城市居民同等的社会福利和公共服务，被城市接纳并融入现代城市文明。在这个过程中，政府在包括城镇建设维护、公共服务管理、社会保障、随迁子女义务教育、保障性住房等方面需要大量财政支出。

农民市民化的对象包括现有常住在城镇但还没有完全实现市民化的农业转移人口，也包括未来随着城镇化推进新增加的农业转移人口。根据中国社会科学院2013年的《城市蓝皮书》测算，预计到2030年城镇化率将达到68%左右，从存量来看，截至2012年全国农业转移人口大约为1.9亿人；从增量来看，2020年全国城镇新增农业转移人口将达到近1.1亿人，2030年将达到2亿人以上。换言之，2030年前大约有3.9亿农业转移人口需要实现市民化。目前我国农业转移人口市民化的人均公共成本，东、中、西部地区分别为17.6万元、10.4万元、10.6万元，全国平均约为13万元。至2030年要实现3.9亿农民的市民化，在人均成本约13万元的条件下，总资金需求量约为51万亿元。可见，在农民市民化的过程中面临着较大的资金压力。

二、资源紧缺与环境压力加剧的挑战

城镇一般建在水资源丰富、土地平坦、交通便利、自然环境宜人的地方，同时城镇的建设需要消耗大量的资源并占用大量的土地。目前，我国快速推进的城镇化建设、快速增长的城镇人口及其消费需求与有限的资源和环境容量之间的矛盾日益加剧，成为制约中国城镇化可持续发展的瓶颈。

在我国城镇化的快速推进中，能源和原材料消耗一直较高。环保部一项课题研究表明，我国城镇化每增加1个百分点，平均需多消耗4940万吨标煤、645万吨钢材、2190万吨水泥。2010年，我国水泥消费量增长到2004年的近两倍，为18.51亿吨，占全球总消费量的56.2%；钢铁表观消费量占全球的44.9%；能源消费量占全球的20.3%，其中，煤炭占全球的48.2%，石油占全球的10.6%。资源的高消耗在满足城镇化快速发展需要的同时也带来了污染的高排放，导致环境压力不断加大，特别是城镇地区的生态环境日益恶化。例如，大面积的地表硬化和建筑化，大量植被及地下水循环系统遭到破坏，生物多样性受到威胁；各类污染物大量排放，严重影响了城镇人居环境质量；其他类型环境公害的威胁也在不断加大，包括五岛效应、城市内涝、地面下沉、光污染、强辐射和噪声污染等。

从供需矛盾来看，建立在对土地、水资源、能源、原材料等资源大量消耗基础之上的中国快速城镇化，导致资源短缺趋于严重，包括城市缺水、耕地面积下降、绿地减少，并需要从国外进口大量的原材料等。与此同时，由于城镇空间布局与资源环境承载能力不相适应的问题越来越突出，国家不得不在全国范围内开展一系列的大规模、长距离能源和资源调运，加剧了城镇化成本。《国家新型城镇化规划（2014~2020年）》提出，到2020年，城镇化率要达到60%左右。可以预见，随着城镇化的持续加速、城镇规模的持续扩张，其对资源环境的需求也将不断增加；反过来，长期以来累积的资源供需压力和生态环境压力，亦将加剧其对城镇化快速发展的双重约束。

三、城乡二元体制的束缚

城乡二元体制是指城市社会和农村社会各为一元的城乡差距和分割状态，主要表现为城乡之间的户籍壁垒以及在此基础上形成的其他问题。以户籍制度为基础的城乡壁垒将城乡两部分居民分成了两种不同的社会身份，而这两种身份在社会地位、各类社会保障、公共基础设施的配置等各方面具有较大的区别。如果城乡二元体制问题不解决，城镇化的发展就会失去支撑和依托，成为制约城镇化持续发展的又一瓶颈。

改革开放30多年来，城乡二元制度对农民进城务工经商的行政限制已经基本消除，许多农村人口由此改变了职业和收入状况，但是进城农民依然没有实现社会身份的市民化，而是被冠以“农民工”的称号。从事农业生产的农民和职业非农化的农民工依然受到嵌入在二元户籍制度之中的其他城乡二元制度，如城乡二元的劳动就业制度、城乡二元的社会保障制度、城乡二元的教育制度、城乡二元的医疗卫生制度等限制，使其在就业、社会保障、社会福利、子女教育等各个领域无法与市民享有同等的地位和权利。多数进城务工的农民无法定居在城市，更别提成为真正的市民，很多人甚至因为各种原因被迫回乡。此外，城乡二元结构的土地管理体制割断了城乡土地的自由合理流转，加之将农村土地“转换”为城市建设用地的征地方式使农民所得的征地补偿普遍偏低。城乡二元体制如果不彻底改革，农民将无法真正融入城市，成为名副其实的“市民”，城镇化也不能实现有质量的推进。

第五节　中国新型城镇化面临的机遇

新型城镇化不仅将激发中国的潜能、改变中国的面貌，也将对世界经济发展带来重大的影响；而国际上经济全球化的快速推进，信息经济、知识经济的迅速崛起，国内改革的全面深化，也将成为新型城镇化发展的重大机遇。

一、国际方面：经济全球化持续推进的有利时机

经济全球化是指世界经济活动超越国界，通过对外贸易、资本流动、技术转移、提供服务、相互依存、相互联系而形成的全球范围的有机经济整体。20世纪90年代以来，各国的宏观经济联系日益紧密，以信息技术为核心的技术革命向纵深发展，信息经济、知识经济迅速壮大，经济全球化迈进了新的历史阶段。这些国际因素，将对我国推进新型城镇化形成有利的影响。

经济全球化有助于推动城市的国际化，促进城市的规模化，增强城市的竞争力。经济全球化有利于资源和生产要素在全球的合理配置，加快科技的全球性扩张。作为发展中国家，经济全球化有利于中国充分利用发达国家产业结构调整的机会，将其技术相对先进的劳动密集型产业或生产环节转移过来，通过优化并提升产业结构加速其工业化进程。伴随我国工业化的深入，经济活动中农业活动的比重将会下降，非农活动的比重将会上升，与之相对应的是农业人口和城镇人口的此消彼长。农村人口居住地点向城镇的迁移，农村劳动力从事职业向城镇第二、第三产业的转移，将在无形中助推我国新型城镇化的发展。

以信息化、知识化、网络化为特点的信息经济、知识经济的全球化，为新型城镇化注入了新的活力。一方面，信息化发展增强了城镇化发展的内在动力。信息技术具有极强的渗透力，可广泛运用于各行各业，通过信息化实现更高效、科学的管理，有助于提升社会劳动生产率。同时，信息技术带动信息产业发展，可使城市产业结构由传统的工业经济模式向新兴的信息经济模式转变。与城市产业结构转变相对应，城市就业将呈现“软化”的特征，第三产业的人员需求和比重将逐步增加，有助于提升我国城镇化的质量和规模。另一方面，信息化的发展将改善城镇的空间结构。随着现代信息技术的发展，信息网络将打破城市居民的工

作、生活、教育、购物、娱乐等时空限制，部分工业对资源以及生产高度集中的依赖性亦大大减弱，加上信息产业对自然资源的依赖性相对较低，将促使城市布局由高度集中转向适当分散，有助于优化城镇的空间结构。

二、国内方面：中共十八届三中全会助推新型城镇化发展

中共十八届三中全会审议并通过了《中共中央关于全面深化改革若干重大问题的决定》（以下简称《决定》），提出了包括坚持和完善基本经济制度、加快完善市场体系、加快转变政府职能、深化财税体制改革、推动城乡发展一体化、扩大对外开放、推进法治中国建设等重大政策方向，为我国全面深化改革作出了顶层的制度设计。在城镇化建设方面，《决定》从户籍制度改革、县改市、城市建设投融资机制等方面对新型城镇化的发展做出了全面的制度安排和部署。

在户籍制度方面，《决定》提出推进农业转移人口市民化，逐步把符合条件的农业转移人口转为城镇居民；创新人口管理，加快户籍制度改革，全面放开建制镇和小城市落户限制，有序放开中等城市落户限制，合理确定大城市落户条件，严格控制特大城市人口规模；同时，稳步推进城镇基本公共服务常住人口全覆盖，把进城落户农民完全纳入城镇住房和社会保障体系，并将其在农村参加的养老保险和医疗保险规范接入城镇社保体系。“县改市”政策冻结十多年后，中共十八届三中全会提出完善设市标准，严格审批程序，对具备行政区划调整条件的县可有序改市；对吸纳人口多、经济实力强的镇，可赋予同人口和经济规模相适应的管理权，并建立和完善跨区域城市发展协调机制；在城镇化建设的资金问题上，提出建立透明规范的城市建设投融资机制，允许地方政府通过发债等多种方式拓宽城市建设融资渠道，允许社会资本通过特许经营等方式参与城市基础设施投资和运营；着手研究建立城市基础设施、住宅政策性金融机构。

土地是城镇化建设中的重要问题，《决定》提出建立城乡统一的建设用地市场。在符合规划和用途管制前提下，允许农村集体经营性建设用地出让、租赁、入股，并与国有土地同等入市、同权同价；缩小征地范围，规范征地程序，完善对被征地农民的合理、规范、多元保障机制；扩大国有土地的有偿使用范围，减少非公益性用地划拨，并建立兼顾国家、集体、个人的土地增值收益分配机制，合理提高个人收益，完善土地租赁、转让、抵押二级市场。借此，农村土地的市场化改革将摆脱二元结构束缚，统筹城乡发展，有效推进新型城镇化建设。

除了与城镇化直接相关制度的顶层设计，中共十八届三中全会推动的经济社

会其他领域的改革，也将为新型城镇化的发展提供良好的发展环境。《决定》提出建设统一开放、竞争有序的市场体系，使市场在资源配置中起决定性作用。市场化程度的大幅提升将进一步增强我国经济发展活力和创新动力，通过市场竞争激励先进、鞭挞落后，通过市场价格自动调节供给和需求，以最终实现资源配置效率最大化、配置结构最优化。毋庸置疑，新型城镇化也将在市场化的浪潮中不断前进。

第二章　中国新型城镇化的内涵与特征

第一节　新型城镇化战略的形成

新中国成立时，我国的城镇化水平仅为 10.6%，经过半个多世纪的努力，城镇化建设取得了令人瞩目的成绩，2013 年城镇化率已达到 53.7%。在总结经验和吸取教训的过程中，我国城镇化建设的思路逐渐明晰，2002 年中共十六大提出了“走中国特色城镇化道路”，2012 年中共十八大明确了“新型城镇化”的发展路径（见表 2-1）。

表 2-1　近三次党代会与新型城镇化的相关内容

党代会	时间	关键内容
中共十六大	2002 年	要逐步提高城镇化水平，坚持大中小城市和小城镇协调发展，走中国特色的城镇化道路。发展小城镇要以现有的县城和有条件的建制镇为基础，科学规划，合理布局，同发展乡镇企业和农村服务业结合起来。
中共十七大	2007 年	全面认识工业化、信息化、城镇化、市场化、国际化深入发展的新形势新任务，深刻把握我国发展面临的新课题新矛盾，更加自觉地走科学发展道路，奋力开拓中国特色社会主义更为广阔的发展前景； 走中国特色城镇化道路，按照统筹城乡、布局合理、节约土地、功能完善、以大带小的原则，促进大中小城市和小城镇协调发展。
中共十八大	2012 年	坚持走中国特色新型工业化、信息化、城镇化、农业现代化道路，推动信息化和工业化深度融合、工业化和城镇化良性互动、城镇化和农业现代化相互协调，促进工业化、信息化、城镇化、农业现代化同步发展。

一、新型城镇化概念雏形

2002年，中共十六大提出，“要逐步提高城镇化水平，坚持大中小城市和小城镇协调发展，走中国特色的城镇化道路”。2005年，中共十六届五中全会通过的“十一五”规划纲要提出，加快工业化、城镇化、市场化、国际化步伐，促进城镇化健康发展；各省的“十一五”规划中开始出现了关于新型城镇化的论述。2007年5月，温家宝在长江三角洲地区经济社会发展座谈会上强调，“统筹城乡发展，努力改变城乡二元结构，扎实推进新农村建设；优化城市布局，走新型城镇化道路，充分发挥中心城市作用”。

二、新型城镇化概念逐步清晰

2007年中共十七大报告指出，全面认识工业化、信息化、城镇化、市场化、国际化深入发展的新形势和新任务；走中国特色城镇化道路，按照统筹城乡、布局合理、节约土地、功能完善、以大带小的原则，促进大中小城市和小城镇协调发展。随后，各省贯彻中共十七大精神学习会议都将“新型城镇化”作为中共十七大重要指示加以推进。

三、新型城镇化概念深入

2010年，中央经济工作会议明确强调：“城镇化是我国现代化建设的历史任务，也是扩大内需的最大潜力所在，要围绕提高城镇化质量，因势利导、趋利避害，积极引导城镇化健康发展”。会议还着重强调，未来大中小城市和小城镇、城市群要科学布局，与产业布局、环境资源相协调，而且“要把有序推进农业转移人口市民化作为重要工作抓实抓好”。2011年“十二五”规划纲要提出，坚持走中国特色城镇化道路，科学制定城镇化发展规划，促进城镇化健康发展；优化城市布局和形态，加强城镇化管理，不断提升城镇化的质量和水平；稳步推进农业转移人口转为城镇居民。

四、新型城镇化路径明确

2012年中共十八大报告提出："坚持走中国特色新型工业化、信息化、城镇化、农业现代化道路，推动信息化和工业化深度融合、工业化和城镇化良性互动、城镇化和农业现代化相互协调，促进工业化、信息化、城镇化、农业现代化同步发展"。当年中央经济工作会议也强调，城镇化是我国现代化建设的历史任务，也是扩大内需的最大潜力所在，要围绕提高城镇化质量，因势利导、趋利避害，积极引导城镇化健康发展。

国家领导人在多个场合提到新型城镇化，强调新型城镇化是"工业化、农业现代化协同推进的城镇化"，要"推进农村转移人口真正融入城市"。李克强总理曾多次就城镇化问题发表讲话，强调新型城镇化的核心是"人的城镇化"，关键是提高城镇化质量。在2013年3月十二届全国人大一次会议闭幕会上李克强总理答记者问时表示，新型城镇化是以人为核心的城镇化，必须和农业现代化相辅相成，并特别强调要防止"城市病"，不能一边是高楼林立，一边是棚户连片。解决城市内部的二元结构，也是降低城镇化的门槛（见图2-1）。

第二节　新型城镇化的内涵

所谓新型城镇化，是指坚持以人为本，以新型工业化为动力，以统筹兼顾为原则，推动城市现代化、城市集群化、城市生态化、农村城镇化，全面提升城镇化质量和水平，走科学发展、集约高效、功能完善、环境友好、社会和谐、个性鲜明、城乡一体、大中小城市和小城镇协调发展的城镇化建设路子。新型城镇化的"新"，就是要由过去片面注重追求城市规模扩大和空间扩张，改变为以提升城市的文化、公共服务等内涵为中心，不断提升城镇化建设的质量内涵，使城镇真正成为具有较高品质的适宜人居之所。新型城镇化具有以下四个鲜明特征：

一、强调"以人为本"

人是构成社会有机体的唯一能动因素，生活在社会中的个人为社会发展提供

2013 年 3 月 17 日 答中外记者问	我们强调的新型城镇化，是以人为核心的城镇化。使目前 2.6 亿农民工中有愿望的人逐步融入城市，是一个长期复杂的过程，要有就业支撑，有服务保障。要大、中、小城市协调发展，东、中、西部地区因地制宜地推进。要注意防止“城市病”，本届政府改造 1000 万户以上各类棚户区。新型城镇化必须和农业现代化相辅相成，要保住耕地红线，保障粮食安全，保护农民利益。
2013 年 1 月 15 日　考察 国家粮食局科学研究院	推进城镇化，核心是人的城镇化，关键是提高城镇化质量，目的是造福百姓和农民。要集约、节能“造城”，要实现产业发展和城镇建设融合，让农民工逐步融入城镇。
2012 年 11 月 1 日　发表文章 《协调推进城镇化是实现现代化的重大战略选择》	城镇化是中国现代化进程中的一个基本问题，是一个大战略、大问题。 （1）城镇化是现代化应有之义和基本之策。 （2）城镇化是我国最大内需潜力之所在，意味着巨大消费潜力的释放，意味着经济发展质量和效益的提升。释放内需潜力，就不能抬高人口转移的门槛。 （3）城镇化需要不断强化产业支撑。 （4）保障粮食安全是城镇化发展的基础。我国的城镇化，是与工业化、农业现代化协调推进的城镇化。 （5）推进城镇化还需要深入研究一些重大问题：城镇化战略问题、土地利用问题、户籍改革问题、资源支撑问题、生态环境问题。
2012 年 9 月 20 日 省部级领导干部推进城镇化建设研讨班学员座谈会	要按照科学发展观的要求，顺应我国现代化建设的规律，协调推进工业化、城镇化、农业现代化，发挥城镇化综合效应，释放内需巨大潜力，促进经济长期平稳较快发展与社会和谐进步。
2012 年 7 月 14 日 湖北考察	要研究制定全国城镇化发展规划，“在有条件的地方形成各具优势的城市群，促进大中小城市和小城镇协调发展”，并且“要注重体制机制创新，打破行政区域限制，使各类生产要素自由流动、优化配置”。
2012 年 5 月 3 日　中欧城镇化伙伴关系高层会议	中欧应把城镇化作为务实合作的新平台、新亮点，突出加强节能环保、新能源等领域的合作，分享中国城镇化和欧洲高技术产业化带来的巨大效益，为中欧合作发展注入新动力。
2012 年 4 月 在《求是》杂志上发表文章	推进城镇化，要努力在改革攻坚中破解深层次矛盾。包括围绕城镇化发展中面临的发展方式转变和结构调整、土地节约集约利用、户籍和社会管理、资源支撑和生态环保等问题。

图 2-1　李克强关于新型城镇化的讲话

资料来源：中国指数研究院整理。

动力能量，社会系统中每个人的动力作用及其强度决定着该社会系统的发展水平。离开个人发展，社会发展将成为无本之木、无源之水。相应的，社会发展为个人发展提供必要的条件，使个人发展成为可能和现实。我国新型城镇化建设强调“以人为本”，有利于实现个人和社会的协同发展，将发展的成果惠及全民，进而推动我国社会的和谐、健康发展。

“以人为本”的新型城镇化建设将人的城镇化作为核心，合理引导人口流动，有序推进农业转移人口市民化，稳步推进城镇基本公共服务常住人口全覆盖，不断提高人口素质，促进人的全面发展和社会公平正义，使全体居民共享现代化建设成果。为此，将着力解决现有城镇定居人口与未来新增城镇人口的生活需求以及城镇流动人口的市民化需求，实现流动人口与本地户籍人口在子女教育、医疗保障、社会保障、住房保障等公共服务的均等化，真正做到以人为本。落实“以人为本”的新型城镇化建设，有利于保障工业化、信息化、城镇化和农业现代化的协调互动，通过产业发展和科技进步推动产城融合，实现城乡统筹发展；有利于弘扬社会公平正义，新型城镇化建设以社会公正为价值导向，使城镇化建设由偏重经济增长向注重经济社会协调发展转变，实现城乡居民公共服务的均等享受；有利于实现人的全面发展，新型城镇化通过保障公民的就业权、受教育权、政治参与权、社会保障权等各项权益，尊重知识、人才、劳动和创造，促进人的全面发展。

二、重质量轻速度

中国城市经过几十年的经济发展，已经积累了大量的物质基础。过去的城镇化主要是城市规模的扩张和城市自身的美化，而未来的新型城镇化将从单纯的规模扩张向质量提升转变。

与快速发展的城市规模所不同的是，城乡基础设施建设和公用事业发展相对滞后，空间规划和城市规划前瞻性不足。如图 2-2 所示，2000~2011 年，全国道路面积、桥梁、排水管道长度、污水日处理能力、城市道路照明等城市基础设施方面的建设力度较为缓慢。从人均水平同比变化来看，约半数年份基础设施增长幅度低于城镇人口增长速度，部分年份甚至出现下降的现象。以北京为例，2009 年以来，北京市在道路面积、桥梁、污水日处理能力方面的投入力度较低，同比增幅均不超过 3%，有的年份甚至出现负增长。城镇化的动力主体是政府，如果城镇的设置、规划和建设都取决于政府的政治取向和政治目标，而忽视与当地经济特征的融合，缺乏整体性和前瞻性，基础设施的不配套就会成为城镇持续发展的瓶颈。

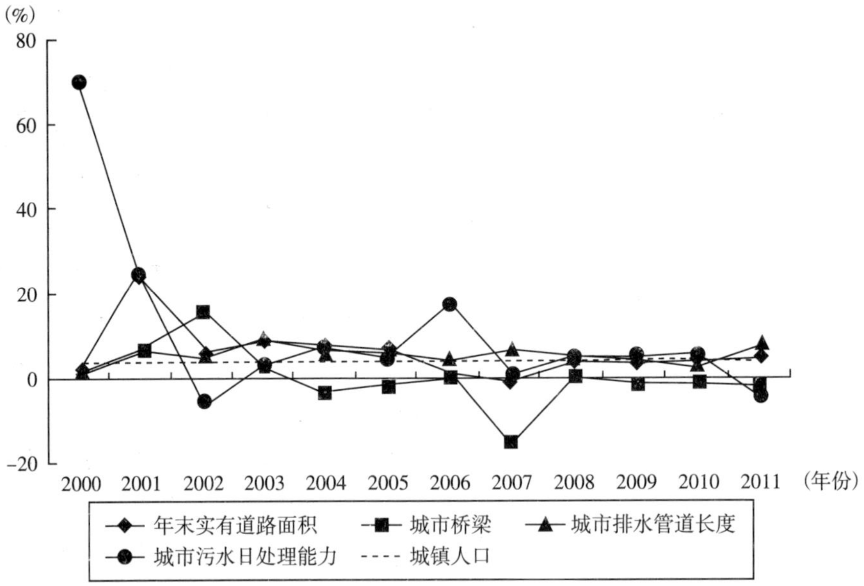

图 2-2 2000~2011 年全国城市市政工程年度同比情况

资料来源：国家统计局、CREIS 中指数据、fdc.fang.com。

李克强总理曾指出，城镇化的推进须确保解决资源支撑的问题，能源和资源的不足是我国的一个基本国情，这决定了我国城镇化必须走节约集约、绿色低碳发展的道路。在城镇化带动区域化发展的过程中，需对城市群进行综合规划、综合设计、综合引导，并加强交通网络和产业体系建设，增强城市功能，提高辐射能力，加强区域中心城市建设，注重发展壮大省际边界地区中心城市。"十二五"规划纲要提出，要增强城镇综合承载能力，科学编制城市规划，健全城镇建设标准，强化规划约束力，防止特大城市面积过度扩张，预防和治理"城市病"。在市政公用设施建设方面，要全面提升交通、通信、供电、供热、供气、供排水、污水垃圾处理等基础设施水平，增强消防等防灾能力，同时，要注重文化传承与保护，改善城市人文环境。

三、城乡发展一体化

以往城镇化的发展过程中带有重城轻乡的倾向，城乡差异因此被逐渐拉大。新型城镇化提出"坚持城乡统筹，把推进城镇化和工业化、农业现代化紧密结合，以工促农、以城带乡，实现城乡经济一体化发展"。城乡一体化发展需要加快消除城乡二元结构的体制机制障碍，推进城乡要素平等交换和公共资源均衡配置，让广大农民平等参与现代化进程、共同分享现代化成果。

根据《国家新型城镇化规划（2014~2020年）》，城乡一体化制度的推进，一方面，要推进城乡统一要素市场的建设，包括“加快建立城乡统一的人力资源市场，落实城乡劳动者平等就业、同工同酬制度；建立城乡统一的建设用地市场，保障农民公平分享土地增值收益；建立健全有利于农业科技人员下乡、农业科技成果转化、先进农业技术推广的激励和利益分享机制；创新面向‘三农’的金融服务，统筹发挥政策性金融、商业性金融和合作性金融的作用，支持具备条件的民间资本依法发起设立中小型银行等金融机构，并保障金融机构农村存款主要用于农业农村；加快农业保险产品创新和经营组织形式创新，完善农业保险制度；鼓励社会资本投向农村建设，引导更多人才、技术、资金等要素投向农业农村”。另一方面，要推进城乡规划、基础设施和公共服务的一体化，包括“统筹经济社会发展规划、土地利用规划和城乡规划，合理安排市县域城镇建设、农田保护、产业集聚、村落分布、生态涵养等空间布局；扩大公共财政覆盖农村范围，提高基础设施和公共服务保障水平，统筹城乡基础设施建设，加快基础设施向农村延伸，强化城乡基础设施连接，推动水电路气等基础设施城乡联网、共建共享；加快公共服务向农村覆盖，推进公共就业服务网络向县以下延伸，全面建成覆盖城乡居民的社会保障体系，推进城乡社会保障制度衔接，加快形成政府主导、覆盖城乡、可持续的基本公共服务体系，推进城乡基本公共服务均等化，率先在一些经济发达地区实现城乡一体化”。

四、注重协调发展

新型城镇化强调协调发展。中央政府在“十五”计划中正式提出“大中小城市和小城镇协调发展”，对农民工进城的态度也从允许逐渐转变为鼓励和支持；在“十一五”规划中，中央首次提出“把城市群作为推进城镇化的主体形态”，要求加强城市群内各城市的分工协作和优势互补，增强城市群的整体竞争力；在“十二五”规划中，中央继续强调“城市群”的概念，提出要“以大城市为依托，以中小城市为重点，逐步形成辐射作用大的城市群，促进大中小城市和小城镇协调发展”。在城镇化加速发展的同时，特大城市也要合理控制人口规模和防止面积过度扩张，预防和治理“城市病”。2012年7月，李克强总理在湖北考察时提到，城市群对区域发展具有战略引领和支撑作用，要研究制定全国城镇化发展规划，在有条件的地方形成各具优势的城市群，促进大中小城市和小城镇协调发展，并且要注重体制机制创新，打破行政区域限制，使各类生产要素自由流动、优化配置。

在城镇化进程中，绝大多数人口都进入了大城市，大城市面临着日益沉重的人口压力、交通压力、环境压力和资源压力，而小城镇仍具有巨大的增长潜力。小城镇化可以带动这些地区的产业和经济，有助于缩短地区差距，平衡地区间的发展。《国家新型城镇化规划（2014~2020 年）》第十二章提到，要优化城镇规模结构，增强中心城市辐射带动功能，加快发展中小城市，有重点地发展小城镇，促进大中小城市和小城镇协调发展。

第三节　新型城镇化与传统城镇化的区别

新型城镇化以科学发展观为指导，以人的全面发展为目的，不以牺牲农业和粮食以及生态和环境为代价，着眼农民，涵盖农村，旨在促进工业化、信息化和农业现代化的协调发展，实现城乡基础设施一体化和公共服务均等化，不断提升人民的幸福指数。如表 2–2 所示，新型城镇化之所以为“新”，在于其发展理念、发展方式、发展动力、城乡关系、城镇体系建设等方面与传统城镇化具有较大的差别。

表 2–2　传统城镇化与新型城镇化的对比

	传统城镇化	新型城镇化
发展理念	以物为本，产业非农化、土地非农化、追求 GDP 和地方财政收入的增长	以人为本，人的全面发展和幸福成为城镇化的最终目标
发展方式	高消耗、高污染、高排放的粗放型发展方式	资源节约、低碳减排、环境友好、经济高效的集约型发展方式
发展动力	重物轻人、粗放发展的传统工业化	科技含量高、经济效益好、资源消耗低、环境污染小的新型工业化及现代服务业
城乡关系	城乡分离，重城轻乡，优先发展城镇，农村与城市的发展差距较大	统筹城乡协调发展，城乡一体化，城乡差距缩小，基本公共服务均等化
城镇体系建设	或强调中小城镇优先发展，或强调优先发展大城市	大中小城市和小城镇统筹协调发展；特色发展，充分发挥城市群的作用

一、城镇化的发展理念不同

传统城镇化以物为本，注重追求城市规模扩大、空间扩张，强调密度而忽视承载吸收能力，强调速度而忽视消化转换能力，强调外在物质形态的城市建设而忽视城镇化主体对象的发展，导致“城市病”、城市新居民“水土不服”等弊端的出现；而新型城镇化树立了以人为本的基本理念，由偏重城市物质形态的扩张向促进人的全面发展转变，由偏重数量规模增加向质量内涵提升转变，由偏重经济发展向注重经济社会协调发展转变，由偏重城市发展向注重城乡一体化发展转变。在新型城镇化的建设过程中，一切以人的需求和视角出发，规划为人而设计、环境为人而美化、资源为人而优化，从而使城镇化的人不断提高在城市的生存与发展能力，逐步形成现代市民意识，养成健康的城镇生活方式，全面融入城市生活，在城市这个大社会中找到自己的定位与尊严，实现自身的安居梦、创业梦、市民梦。城市因人更具活力、人因城市更加幸福，在人的全面发展过程中实现城镇的全面发展和提升。

二、城镇化的发展方式不同

传统城镇化的发展方式以粗放型为主，通过大量消耗物质资本实现城镇规模的快速扩张，可持续性较差，表现在城镇建成区面积的扩张速度远远快于城镇人口的增加速度，城镇扩张的低密化和分散化带来耕地面积减少过多过快，同时对生态环境产生不良影响；新型城镇化把生态文明理念和原则全面融入城镇化全过程，坚持集约、智能、绿色、低碳的可持续发展方式。集约，要求各类生产要素有效配置，产业的集约型发展得到强化，城市中居住、交通、管理等各方面的运行效率和能源利用效率得到提高；智能，体现城镇发展的创新驱动特点，将新一代信息技术充分运用在城市的各行各业之中，最终实现城市的智能化管理；绿色，要求尊重自然规律、保护城市生态圈，把保护环境作为重要目标，在城镇建设促进人口集中的同时形成植被覆盖率高的绿色空间；低碳，要求生产与消费等环节尽可能减少资源消耗，大力节能、提高能源效率，同时要大力发展新能源和可再生能源，促进能源结构的低碳化。总之，新型城镇化的发展是人口、资源、环境的协调发展，不仅要考虑经济利益，还要考虑社会、环境和资源利益；不仅要满足当代人的需求，更要符合子孙后代的利益。

三、城镇化的发展动力不同

城镇化发展的最基本动力是非农产业的发展，传统城镇化的基本动力来源于外延型的工业化发展，即主要通过招商引资和工业园区、开发区建设推动工业产业发展，而现代服务业的发展滞后，导致城镇化推动力失衡，同时导致区域发展和城乡发展差距拉大。新型城镇化特别强调城镇化、工业化、信息化、农业现代化的“四化”互动。集约高效的新型工业化是新型城镇化发展的基本支撑，工业化可为城镇化提供强大的资金、物质和人才保障，同时也可推动知识、技术的集聚与扩散，加快技术与管理的创新速度，为城镇化发展提供大量的专业技术及管理人才，从而成为城镇化发展的加速器；信息化是城市产业升级和城市功能提升的发动机，信息技术、信息产业不仅是城镇内部实现网络化的关键，同时有助于提升和整合城镇功能，改善城镇的产业和就业结构，提高城镇的居民素质，使城镇化在信息化中得到升华；农业现代化以绿色生态安全、集约化和产业化为主要标志，可从根本上提高农业劳动生产率、资源利用率和土地产出率，通过为工业化提供原料和劳动力，拓展新型城镇化的发展空间。

四、城乡关系不同

传统城镇化的发展重心倾向于城市，强调城市对发展要素的集聚力而忽视城市对小城镇和农村的带动及反哺作用，导致了较为突出的城乡二元结构，形成了繁荣、先进的城市和衰败、落后的农村并存的局面。新型城镇化坚持城乡统筹发展，力求突破城乡二元发展束缚，着力推进城乡规划、基础设施、公共服务等方面的一体化，促进城乡要素平等交换和公共资源的均衡配置，形成以工促农、以城带乡、工农互惠、城乡一体的新型工农城乡关系；把城镇化发展与新农村建设、促进农村人口转移与发展农村经济相结合，实现城乡共同繁荣，让广大农民平等参与现代化进程，共同分享现代城镇文明成果。

五、城镇建设体系不同

传统城镇化往往片面强调单一规模等级城市的发展，忽视与其他规模等级城市的互动与联系，甚至控制或限制其他规模等级城市的发展，从而造成大中小城市和小城镇之间无法协调发展。新型城镇化提出优化城镇规模结构，增强中心城市辐射带动功能，加快发展中小城市，有重点地发展小城镇，促进大中小城市和小城镇协调发展；将直辖市、省会城市、计划单列市和重要节点城市等中心城市，作为我国城镇化发展的重要支撑，将加快发展中小城市作为优化城镇规模结构的主攻方向，加强产业和公共服务资源布局引导，提升质量、增加数量；鼓励引导产业项目在资源环境承载力强、发展潜力大的中小城市和县城布局，依托优势资源发展特色产业，夯实产业基础；同时，按照控制数量、提高质量、节约用地、体现特色的要求，将推动小城镇发展与疏解大城市中心城区功能相结合、与特色产业发展相结合以及与服务“三农”相结合。

第四节 新型城镇化的意义

城镇化是伴随工业化发展，非农产业在城镇集聚以及农村人口向城镇集中的自然历史过程，是人类社会发展的客观趋势，是国家现代化的重要标志。前世界银行首席经济学家、诺贝尔经济学奖获得者斯蒂格利茨曾断言，“中国的城镇化与美国的高科技发展将是影响21世纪人类社会发展进程的两件大事。中国的城镇化将是区域经济增长的火车头，将会产生最重要的经济效益”。这充分肯定了我国城镇化将带来的积极而深远的影响。积极稳妥、扎实有序地推进新型城镇化建设，对我国全面建成小康社会、加快社会主义现代化建设进程、实现中华民族伟大复兴的中国梦，确实具有重大的现实意义和深远的历史意义。

一、新型城镇化有利于扩大内需，保持经济持续健康发展

由于我国的外贸依存度较高，易受国际市场波动影响，2008年金融危机以来的外部市场逆变导致我国产能过剩、内需不足的表现越发明显。内需是国家经济发展的根本动力，内需不足将导致经济增长乏力。在国际经济放缓的背景下，扩大内需更是我国实现经济持续健康发展的有力保障，而城镇化则是扩大内需的最大潜力所在。城镇化建设的持续推进将带来城市基础设施、公共服务设施和住宅建设等领域的巨大投资需求，同时更多农民可以通过转移就业提高收入，通过转为市民享受更好的公共服务，其结果将是城镇消费群体不断扩大、消费结构不断升级、消费潜力不断释放，为经济发展提供源源不断的动力。

具体来看，一方面，城镇化建设将带动基础设施、公共服务设施以及住房建设等领域的投资需求，直接扩大对冶金、建材、建筑、装备制造、电子信息等第二产业的需求，同时衍生出对房地产、现代物流、设计规划、咨询服务、金融保

险等第三产业的需求。有关研究表明，近年来，每增加 1 个城市人口便可带动城镇固定资产投资 50 万元，2012 年全国城镇人口增加 2103 万人，2013 年增加 1929 万人，假设未来每年新增约 2000 万城镇人口，那么全年将新增 10 万亿元的投资需求。另一方面，城镇化的推进将提高居民的收入水平，进而刺激其消费需求，提升其消费水平和消费结构。在城镇化的推进过程中，从农村移居到城镇来的人员将源源不断转移到劳动生产率更高的第二、第三产业，进而提升其收入水平；原有城镇居民在城镇投资、消费的拉动下，收入也将增加。新老居民收入的增加将不断释放消费潜力，大大提升其消费水平。同时，城镇化带来的消费心理的改变与内容的不断更新，必将刺激新居民的消费行为，其中，中低收入者的消费结构将不断升级。总之，居民收入和购买力的不断提升，将唤起其全方位的消费需求。新型城镇化所带来的投资和消费需求，将成为我国经济发展的引擎，有效保障国民经济持续健康发展。

二、新型城镇化是解决“三农”问题的重要途径

我国是一个农业大国，农村发展落后、农业不发达、农民贫穷困苦的“三农”问题始终是制约我国经济社会发展的一个瓶颈。农村人口过多、农业水土资源紧缺，在城乡二元体制下，土地规模经营难以推行，传统生产方式难以改变。解决“三农”问题的本质是以农民为本，增加农民的收入，提高农民的幸福度；解决“三农”问题的根本出路在于大力推进新型城镇化。一方面，随着农村人口逐步向城镇转移，农民人均资源占有量将相应增加，有助于促进农业生产规模化和机械化，提高农业现代化水平和农民生活水平；另一方面，城镇经济实力的逐步提升，会进一步增强其以工促农、以城带乡的能力，有助于加快农村经济社会发展。

具体来看，首先，推进新型城镇化建设有利于整合土地等农业生产资源、加速生产要素流转、推广先进生产管理技术的开发应用、提高农业生产效率，进而推动农业产业化、规模化、市场化、现代化进程，提高农业的内在竞争力。同时，有利于拓展农产品前后产业链的发展空间、发展涉农经济部门、增加农产品的附加值，为农业产业化的纵深发展提供载体和空间。其次，新型城镇化的快速发展有利于拓展农村劳动力的转移路径，使一部分农民完全转变为市民，农业生产效率的提高和农业产业链的拓展，将增加仍从事农业生产的农民的收入，同时劳动力市场的完善，第二、第三产业的发展，将为农村剩余劳动力的转移提供有

效载体。最后，推进新型城镇化建设有利于农村经济社会的全面发展。在城乡统筹的政策下，城镇化的快速推进将有助于改善农村的基础设施、交通、生态环境等，提高农村的公共产品供给水平，从而成为农村实现现代化的重要依托。

三、新型城镇化是推动区域协调发展的有力支撑

改革开放以来，我国东部沿海地区实行率先开放、赶超发展，逐步形成了京津冀、长江三角洲、珠江三角洲等一批城市群，有力推动了东部地区的快速发展，成为国民经济的重要增长极。与此同时，中西部地区发展相对滞后，城市发育明显不足，导致人口长距离大规模流动、资源大跨度调运，极大地增加了经济社会的运行和发展成本。

新型城镇化旨在建立完善跨区域城市发展协调机制，以城市群为主要平台，推动跨区域城市间产业分工、基础设施、环境治理等协调联动；探索建立城市群管理协调模式，创新城市群要素市场管理机制，破除行政壁垒和垄断，促进生产要素自由流动和优化配置。在此过程中，东部地区的城市群将充分发挥其区位和经济优势，在优化结构、提高效益、降低消耗、保护环境的基础上，进一步壮大先进装备制造业、战略性新兴产业和现代服务业，深化城市间分工协作和功能互补，加快一体化发展。同时，将其有市场、有效益的劳动密集型产业优先向中西部转移。中西部资源环境承载能力较强地区，在承接东部地区产业后，可吸纳东部返乡和就近转移的农民工，加快其产业集群发展和人口集聚，培育发展若干新的城市群，在优化全国城镇化战略格局中发挥重要作用，从而促进经济增长和市场空间由东向西、由南向北梯次拓展，推动人口经济布局更加合理、区域发展更加协调。

第二篇
城镇化发展理论

城镇化的发展牵一发而动全身，本篇将从城镇化与城乡统筹，城镇化与农业、工业、服务业等基础产业，城镇化与土地制度改革，城镇化与城市群发展等入手，全方位分析城镇化与相关方面发展的内在联系。

第三章　新型城镇化与统筹城乡发展

城乡发展不平衡、不协调是世界各国在经济起飞和发展过程中面临的共同难题，破除城乡二元经济结构，实现城乡统筹发展是经济社会发展的必然趋势。受自然环境、区位条件以及历史沿革等因素的影响，我国城乡二元经济结构显著，且城乡差距呈不断扩大的趋势。2003 年，中共十六大首次提出，将统筹城乡经济社会发展作为全面建设小康社会的重大任务。在新的历史条件下，如何通过新型城镇化的推进实现城乡统筹发展，成为我国实现经济社会可持续发展的关键所在。

第一节　城乡统筹的理论基础

无论是发达国家还是发展中国家都曾经历了或正经历着城市和乡村关系失衡、非良性互动的发展阶段，城乡关系发展不协调作为制约国家发展的瓶颈，突破了，国家发展就有可能进入新的层面；不能突破，国家发展就有可能掉入“中等收入陷阱”而无法自拔。因此，城乡关系和城乡协调问题一直受到各国学者的关注，从而出现了一系列具有借鉴意义的理论。

一、马克思主义的城乡关系论

马克思、恩格斯认为，农业是社会分工、其他经济部门独立及城市经济发展的基础，城乡关系的产生是由于农业和工业分工造成的；城市的发展加剧了城乡之间的对立，一切发达的、以商品交换为媒介的分工都以城乡分离为基础；工业与城市经济的发展及其带来的规模经济效益和聚集经济效益对农村和农业的拉动作用促进了城乡融合。马克思主义的城乡关系理论坚持历史唯物主义和辩证唯物主义的方法论，主要从生产力和生产关系角度剖析城乡关系从分离、对立到融合的发展规律。

1. 城乡分离

马克思、恩格斯认为，城市和乡村都是一定历史的产物，社会分工则是导致城市和乡村出现并彼此分离的基本动因和历史前提。“最初，农业劳动和工业劳动不是分开的，后者包含在前者中。”而后，随着生产力的发展，“首先出现工商业劳动和农业劳动的分离”，并形成各自独立的形态。“物质劳动和精神劳动的最大一次分工，就是城市和乡村的分离。”马克思在《资本论》中指出：“一切发达的、以商品交换为媒介的分工的基础，都是城乡的分离。可以说，社会的全部经济史，都概括为这种对立的运动。”由此可见，马克思、恩格斯肯定城乡分离作为劳动分工基础的合理性、必然性和历史进步性。

2. 城乡对立

城乡对立是指城乡分离过程中不同劳动分工和生产关系之间的矛盾状态。“城乡之间的对立是随着野蛮向文明的过渡、部落制度向国家的过渡、地方局限性向民族的过渡而开始的，它贯穿全部文明的历史并一直延续到现在。”马克思、恩格斯还认为，“某一民族内部的分工，首先引起工商业劳动和农业劳动的分离，从而也引起城乡的分离和城乡利益的对立”。城乡对立的根源在于生产力有所发展但又发展不足，“乡村农业人口的分散和大城市工业人口的集中，仅仅适应于工农业发展水平还不够高的阶段”。城乡对立在私有制和资本主义条件下得到进一步发展，“资本主义社会不仅不能消除这种对立，反而不得不使它日益尖锐化”。日益尖锐化的城乡对立，必将成为经济社会发展的桎梏。

3. 城乡融合

马克思、恩格斯认为，城乡的分离对立不是永恒的，随着社会生产力的发展，城乡关系会在更高的层次上实现融合。“消灭了城乡之间的对立，从事农业和工业劳动的人将是同样的人，而不再是两个不同的阶级。”在如何消除城乡对立、实现城乡关系协调发展问题上，马克思、恩格斯也给予我们一些有益的启迪，诸如重视城市的集聚扩散功能，充分发挥城市在城乡协调发展中的作用。城市“聚集着社会的历史动力”，“城市的繁荣也把农业从中世纪的简陋状态下解脱出来”。再如合理布局城乡生产力和产业结构，促使农村剩余劳动力自由合理地向城市和工业转移。“只有使工业生产和农业生产发生密切的内部联系，才能使农村人口从他们数千年来几乎一成不变地栖息在里面的那种孤立和愚昧的状态中挣脱出来。”

二、刘易斯的二元经济结构理论

1954年，美国著名发展经济学家刘易斯（Lewis，1954）在《曼彻斯特学报》发表了《劳动无限供给条件下的经济发展》一文，提出了二元经济结构模型。刘易斯认为，发展中国家同时存在着以现代工业为主的资本主义部门和自给经济的传统农业部门。资本主义生产部门主要集中在城市，劳动的边际生产力水平较高，传统农业部门主要集中于农村，劳动的边际生产力水平较低，存在大量的剩余劳动力。经济发展的过程是农村剩余劳动力不断地由传统农业部门向现代城市工业部门转移的过程。

刘易斯的二元经济结构理论认为，由于传统农业部门的边际生产率为零或负数，劳动者在最低工资水平条件下提供劳动，而资本主义生产部门工资高于农业部门，诱使着农业剩余人口源源不断地向城市工业部门转移，因而资本主义部门存在着无限的劳动供给。经济发展的关键是资本主义部门利用剩余价值，资本主义部门由于把剩余价值再投资于创造新资本而扩大，并吸收更多的农村剩余劳动力转移到资本主义部门就业。剩余价值越多，资本形成越大，且这个过程可一直持续到剩余劳动力消失为止。

从刘易斯劳动力流动模型（见图3-1）来看，纵轴表示劳动的边际产品和工资，横轴表示劳动力的数量；OA为传统农业部门的平均收入，OW代表资本主义部门的工资，K_1~K_3代表不同资本水平。D_1K_1M、D_2K_2N和D_3K_3H表示不同资本水平下的劳动边际生产力曲线，$K_1 < K_2 < K_3$表明，随着资本积累的增加，劳动的边际生产力曲线外移。如当资本投入为K_1时，劳动力的边际曲线为D_1K_1M，资本主义部门雇用劳动力的数量为OL_1，总产量为D_1ML_1O，获得的利润为D_1MW。若资本家将利润的一部分再投资，资本量上升为K_2，雇用的劳动力数量也上升到OL_2，劳动边际生产力曲线外移至D_2K_2N，总产量和利润也随之扩大，利润增加为D_1D_2NM。如果资本家继续追加投资，劳动边际生产力曲线将继续上升，资本主义部门将吸收越来越多的剩余劳动力，一直持续到传统农业部门的剩余劳动力被吸收完毕为止。刘易斯的模型突出了现代资本主义部门作为经济发展主导力量的作用，对发展中国家转移农村剩余劳动力，实现城乡统筹具有较大的启示意义，但是其忽视了传统农业部门的自身发展，将传统农业部门置于被动的地位。

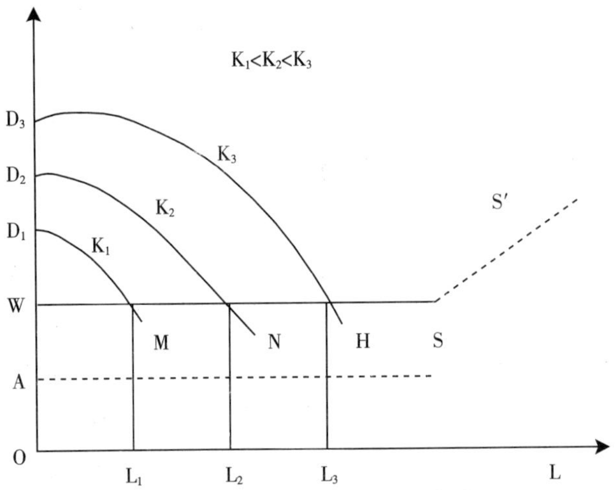

图 3-1　刘易斯劳动力流动模型

由于刘易斯的二元经济结构理论关于传统农业部门的边际生产力为零、资本主义部门不存在失业、农业剩余劳动力被吸收完毕前工资保持不变等假设受到不少的质疑，美国经济学家费景汉和拉尼斯对其作了重要的补充和修订，他们从动态角度研究农业和工业的均衡发展，把剩余劳动力转移过程从一种无阻碍过程转变为有可能受阻碍的过程，认为农业生产率提高是剩余农业劳动力持续流入工业部门的先决条件，这种强调工农业均衡发展的理论对发展中国家破解城乡二元结构具有重要意义。

三、托达罗的二元经济结构理论

20 世纪 60~70 年代，发展中国家农村流入城市的人口远远超过了城市工业部门的吸纳能力，导致了严重的失业问题。由于建立在充分就业假设基础之上的刘易斯的二元经济结构理论无法解释该现象，众多发展经济学家开始反思，在修正刘易斯二元结构理论的基础上，美国经济学家托达罗提出了一个城乡预期收入模型，用于解释城市失业与乡村人口向城市涌入并存的现象。

托达罗模型认为，农村剩余劳动力是否做出迁移决策，取决于其对城乡预期收入的估计，而这种预期建立在城乡实际收入差别和在城市获得工作的概率基础之上。当潜在迁移者估计他在城市部门的预期收入高于其在农村的收入时，迁移就会发生。可用以下公式表示：

$$M = f(d),\ f' > 0 \qquad (1)$$

$$d = w * \pi - r \qquad (2)$$

公式（1）中，M 表示人口从农村迁入城市的数目，d 表示城乡预期收入的差异，$f'>0$ 表示人口流动是城乡预期收入差异的增函数，城乡预期收入差异越大，流入城市的人口越多。城乡预期收入差异可以用公式（2）表示，w 表示预期某年城市实际收入，π 表示当年城市的就业概率，两者之积表示预期城市的实际收入，r 表示农村实际收入。可见，城乡的预期收入差异，不仅取决于城市和乡村的预期实际收入，与城市的就业概率也密切相关。托达罗认为，任一时期迁移者在城市现代部门找到工作的概率与现代部门新创造的就业机会成正比，与城市失业人数成反比，即：

$$\pi = \frac{\gamma N}{S-N} \tag{3}$$

$$\gamma = \lambda - \rho \tag{4}$$

其中，γ 表示现代部门的工作创造率，N 表示现代部门总就业人数，S 表示城市地区总劳动力规模。而现代部门的工作创造率等于工业产出增长率与现代部门的劳动生产增长率之差，见公式（4），λ 表示工业产出增长率，ρ 表示现代部门的劳动生产增长率。

上述人口迁移模型是总量模型。相对于个体而言，托达罗认为，迁移者往往需要较长的时间才能在城市的现代部门找到工作，因此人口流动行为模式应该建立在较长的时间范围基础上。为此，他建立了一个迁移者在城市找到工作以前的 n 期净收入贴现值公式：

$$v(0) = \int_0^n [P(t)W(t) - R(t)]\, e^{-rt}\, dt - C(0) \tag{5}$$

其中，v(0) 表示迁移者计划期内预期城乡收入差异的净贴现值，n 表示计划的时期数，r 表示贴现率，C(0) 表示迁移成本，P(t) 表示单个迁移者 t 期中在现代部门获得工作的概率。此处 P(t) 与上文中 π 的显著区别在于，前者是 t 期的累加就业概率，后者是某一期的概率。两者的关系可以表示为：

$$P(t) = \pi(1) + \sum_{i=2}^{t} t_i \prod_{j=1}^{i-1} [1 - \pi(j)] \tag{6}$$

根据公式（5），假设实际收入 W(t) 和 R(t) 不变，那么一个迁移者在城市的时间越长，他获得工作的机会就会越大，预期收入就会越高。按照托达罗的观点，人口流动规模是城乡净贴现值的函数，即：

$$M = F[v(0)],\ f' > 0 \tag{7}$$

若 $v(0)>0$，农业剩余劳动力会愿意迁移到城市，城市的净流入人口就会增加；若 $v(0)<0$，农业剩余劳动力则不愿意迁移甚至会从城市回流到农村，城市的净流入人口就不会增加，甚至会减少。

托达罗模型蕴藏了丰富的政策含义，诸如，应当减轻因发展战略偏向城市而引起的城乡就业机会不均等的现象，特别是要控制城乡收入差距；要控制乡—城移民并消除城市失业，就必须实施有效的农村发展等。托达罗的二元经济理论及其蕴含的政策含义，对中国的新型城镇化建设具有重要的意义。

第二节　城乡二元结构的形成原因

城乡二元结构是经济社会发展过程中的常见现象，其形成不是一蹴而就的，而是众多因素共同作用和积累发酵的结果。中国是一个发展中大国，城乡二元结构特征十分显著，其形成既有自然历史的因素，也有社会现实的因素，其中最重要的原因是，城乡分割的二元体制和长期实施的偏向城市的各类政策。

一、城乡二元户籍制度

1958 年 1 月公布的《中华人民共和国户口登记条例》，以法律形式规范了全国的户口登记制度，规定了控制人口迁徙的两项基本制度——户口迁移的事先审批制度和凭证落户制度，目的是“既不能让城市劳动力盲目增加，也不能让农村劳动力盲目外流”，标志着以城乡分割为特点的户籍制度建立。

城乡二元户籍制度的确立，成为我国城乡二元经济社会结构最关键的控制因素。在该制度下，中国公民被人为地分为标志鲜明的两个类别“农业”及“非农业”户口，并限定了非常严格的“非农”准入标准，限制了农村劳动力的自由流动。当城市不断汇集各项物质文化成果，推动城市居民人均资源占有量不断提高时，受限于城乡人口流动，农村居民的资源人均占有量却难以增加，造成城乡之间经济文化成果的人均占有量差距不断扩大。实际上，户籍制度本身只是一套制度框架，隐藏在户籍制度背后的公共服务和社会福利待遇将二元户籍的负面影响不断扩大。城镇户籍的居民可以凭借城镇户口享受教育、就业、社会保障等各个领域的公共服务，而农村户籍的居民所能享受的公共服务在广度和深度方面与城镇户籍均有较大差距。

二、城乡二元土地制度

土地由农业用地转变为非农业用地，是城镇化扩张过程中最明显的特征之一。城乡分割是我国土地制度的基本特征，城市市区土地属于国家所有，由各级政府代行所有者职权；农村和城市郊区的土地，除法律规定属于国家所有的以外，属于农民集体所有。《土地管理法》规定，农村土地与城镇建设用地不可以相互自由转化，城镇的土地使用权市场与农村的土地承包权转让市场相互分割。在农地农有、农地农用规定下，农村的土地出租、转包、入股、流转均以农户为主体；需将农地转变为市地时，由市县政府实行征收和转让。

长期以来，地方政府在土地开发中始终处于垄断地位，造成土地交易中出现明显的“剪刀差”：一方面，城乡二元化造成农地价值被低估，政府通过低价收购、高价转让获取一级开发价差；另一方面，工业用地与经营性用地价差悬殊，在依靠房地产提升城镇化水平的过程中，土地的转让和增值收入被逐渐变为地方政府的财政收入和开发商收益，而被征地农民的利益缺乏有效的保护。

三、城乡二元就业制度

虽然计划经济对劳动力流动的束缚已不复存在，我国的劳动力基本实现了自由流动，但是城乡就业制度依然呈现显著的二元特征。第一，从就业准入标准来看，虽然城镇职工的自由流动程度较高，但国家对农村劳动力的转移设置了诸多限制。例如，行政审批，工种、数量和地域规定等限制性条件；另外，规定农村务工人员必须办理各种手续，其中包括专为农民工设置的登记项目和各种不合理证卡，阻碍了城乡劳动力双向自由流动；甚至借机收取各种费用，增加了农村劳动力外出务工成本，加重了农民的负担。第二，从劳动保障来看，城镇职工享受较高的工资待遇和完善的劳动保障，而农村进城务工人员，除了工资水平较低、工作环境较差之外，不是无法签订劳动合同，就是劳动合同的规范性较低，导致劳动保障不完善或是没有任何的劳动保障。第三，现有的失业登记和统计制度难以将农村的失业人员和流动人口纳入其中，导致该部分人员无法享受城市失业人员同等的失业救济和保障。

四、经济政策的“以乡养城”

除了二元的户籍、土地和就业制度，在“重工轻农、以乡养城”城乡差别化战略下，一系列的配套差别化经济政策进一步拉大了城乡之间的差距。从财政投入来看，我国始终采取向城市和工业建设倾斜的政策。据统计，1978~2006 年，财政用于农业的各项支出占总支出的比重长期在 8%~10%之间徘徊，只有个别年份超过 10%。从金融贷款来看，向工业和城市过度倾斜的金融政策，导致金融机构对农业的投入始终较低，而农村金融机构相对较低的存贷比说明，农村的金融资源大量外流。另外，1952~1985 年，在短缺经济背景下，我国推行统购统销制度，在全国范围内建立一种对农产品流通进行控制的制度体系。该制度以指令性价格作为调节分配、维持各种利益关系的手段，并利用工农产品价格的“剪刀差”从农业隐蔽抽走了大约 6000 亿~8000 亿元的巨额资金。

第三节　城乡二元结构的表现

一、城乡收入差距

城乡发展失衡是我国经济发展过程中面临的重大挑战，而城乡收入差距不断拉大是我国城乡二元结构的主要表现。改革开放以来，我国城乡居民收入差距大致可以分为四个阶段：①1978~1985 年，收入差距逐渐缩小，1978 年城镇居民家庭人均可支配收入与农村居民家庭人均纯收入之比为 2.57：1，1985 年降至 1.86：1；②1986~2000 年，1986 年收入差距开始反弹，此后逐渐拉大，1986 年城乡居民人均收入之比为 2.13：1，2000 年升至 2.79：1；③2001~2009 年，城乡收入差距不断扩大，2002 年城乡收入之比首次破 3，达到 3.11：1，并在 2007 年和 2009 年两度达到 3.33：1 的历史高峰；④2010~2012 年，虽然城乡收入差距呈现出收窄的趋势，但是城乡收入之比依然在 3：1 之上（见表 3-1），大大高于大多数国家不到 1.5：1 的水平。若将城市居民收入中的一些非货币因素如教育、医疗、社会保障等各种社会福利考虑在内，则城乡居民的收入差距可能更高。

表 3-1　1978~2012 年城乡居民收入和指数

年份	城镇居民家庭人均可支配收入		农村居民家庭人均纯收入		收入比
	绝对数（元）	指数（1978=100）	绝对数（元）	指数（1978=100）	名义值
1978	343.4	100.0	133.6	100.0	2.57
1979	405.0	115.7	160.2	119.2	2.53
1980	477.6	127.0	191.3	139.0	2.50
1981	500.4	129.9	223.4	160.4	2.24
1982	535.3	136.3	270.1	192.3	1.98
1983	564.6	141.5	309.8	219.6	1.82
1984	652.1	158.7	355.3	249.5	1.84
1985	739.1	160.4	397.6	268.9	1.86
1986	900.9	182.7	423.8	277.6	2.13
1987	1002.1	186.8	462.6	292.0	2.17
1988	1180.2	182.3	544.9	310.7	2.17
1989	1373.9	182.5	601.5	305.7	2.28
1990	1510.2	198.1	686.3	311.2	2.20
1991	1700.6	212.4	708.6	317.4	2.40
1992	2026.6	232.9	784.0	336.2	2.58
1993	2577.4	255.1	921.6	346.9	2.80
1994	3496.2	276.8	1221.0	364.3	2.86
1995	4283.0	290.3	1577.7	383.6	2.71
1996	4838.9	301.6	1926.1	418.1	2.51
1997	5160.3	311.9	2090.1	437.3	2.47
1998	5425.1	329.9	2162.0	456.1	2.51
1999	5854.0	360.6	2210.3	473.5	2.65
2000	6280.0	383.7	2253.4	483.4	2.79
2001	6859.6	416.3	2366.4	503.7	2.90
2002	7702.8	472.1	2475.6	527.9	3.11
2003	8472.2	514.6	2622.2	550.6	3.23
2004	9421.6	554.2	2936.4	588.0	3.21
2005	10493.0	607.4	3254.9	624.5	3.22
2006	11759.5	670.7	3587.0	670.7	3.28
2007	13785.8	752.5	4140.4	734.4	3.33
2008	15780.8	815.7	4760.6	793.2	3.31
2009	17174.7	895.4	5153.2	860.6	3.33
2010	19109.4	965.2	5919.0	954.4	3.23
2011	21809.8	1046.3	6977.3	1063.2	3.13
2012	24564.7	1146.7	7916.6	1176.9	3.10

资料来源：国家统计局。

城乡收入差距的拉大，最终反映在城乡居民消费水平的差距。农民收入低且增长缓慢，直接影响其消费水平的提高。如图 3-2 所示，1990 年，城镇居民人均现金消费支出与农村居民人均消费支出之比为 2.19∶1，2000 年提升至 2.99∶1；2010 年，城乡居民的人均消费比达到 3.07∶1，2011 年与 2012 年两者之比依然在高位徘徊。从绝对数值来看，2012 年，城市居民人均现金消费支出高达 16674 元，而农村居民人均消费支出仅为 5908 元，不到城市居民的零头。据测算，农村居民的消费水平至少落后城市居民 10 年。

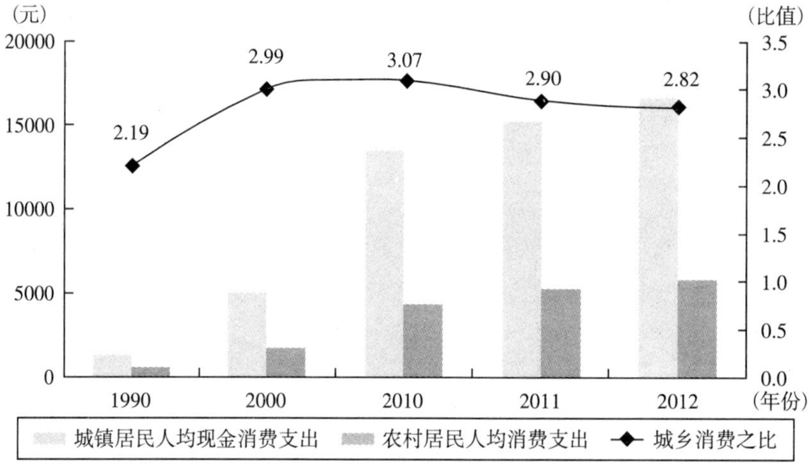

图 3-2　1990 年以来城乡人均消费之比

资料来源：国家统计局。

二、城乡教育发展的差距

随着我国经济的发展，教育事业也不断进步，但是城乡教育差距的问题依然存在。从教育经费的投入来看，据中国社会科学院发布的《当代中国社会流动》报告，2002 年，全社会的各项教育投资为 5800 多亿元，其中用在城市的占 77%，而占总人口 60%以上的农村人口，仅获得 23%的教育投资。近几年来，国家加大了对农村义务教育的投入，据《2012 年全国教育经费执行情况统计公告》，当年教育生均公共财政预算教育事业费支出情况：全国普通小学为 6128.99 元，同比增长 23.42%，其中农村为 6017.58 元，同比增长 26.30%；全国普通初中为 8137.00 元，同比增长 24.38%，其中农村为 7906.61 元，同比增长 27.38%。可见，虽然农村生均公共财政预算教育事业费支出同比增长超过了全国的平均水平，但农村生均投入的绝对数值依然低于全国平均水平，更是低于城市水平。教育经费投入上的差异使学校的办学条件和师资力量差距拉大，据统计，2005 年全国小学具有专科以上学历教师的比例为：城市 78.01%、县镇 67.17%、农村 47.49%，农村比城市低约 31 个百分点；全国初中具有本科以上学历的教师比例为：城市 62.44%、县镇 34.5%、农村 24.34%，农村比城市低约 38 个百分点。

三、城乡医疗卫生的差距

改革开放以来，我国的医疗卫生事业取得了长足的进步，但是仍然面临着医疗卫生资源匹配不合理、卫生服务提供严重不均等挑战。长期以来的倾向性制度安排，使卫生事业费用和各项资源向城市集中，造成农村医疗卫生供给严重不足、农村居民医疗卫生需求难以满足，农民对“看病难”、“看病贵”的问题反映强烈。从卫生费用的支出安排来看，城市费用支出占比较大，如 2011 年，全国卫生总费用达 24345.9 亿元，其中城市为 18571.9 亿元，占 76.3%，农村为 5774.0 亿元，仅占 23.7%；全国人均卫生费用为 1807 元，其中城市人均为 2697.5 元，农村为 879.4 元，城市人均费用是农村的 3 倍多。从卫生资源的占有来看，农村居民所占医疗卫生资源远远低于城市居民。2012 年，每千人拥有的卫生技术人员，全国平均为 4.94 人，其中城市为 8.55 人，农村仅为 3.41 人；每千人拥有的执业（助理）医师，全国平均为 1.94 人，其中城市为 3.19 人，农村仅为 1.40 人；每千人拥有的注册护士，全国平均为 1.85 人，其中城市为 3.65 人，农村仅为 1.09 人；每千人拥有的医疗卫生机构床位数，全国平均为 4.23 张，其中城市为 6.88 张，农村仅为 3.11 张，每千农业人口乡镇卫生院床位更是只有 1.24 张。详见表 3-2 和表 3-3。

表 3-2　2000~2012 年每千人卫生技术人员情况

单位：人

年份	卫生技术人员			执业（助理）医师			注册护士		
	合计	城市	农村	合计	城市	农村	合计	城市	农村
2000	3.63	5.17	2.41	1.68	2.31	1.17	1.02	1.64	0.54
2001	3.62	5.15	2.38	1.69	2.32	1.17	1.03	1.65	0.54
2002	3.41	—	—	1.47	—	—	1.00	—	—
2003	3.48	4.88	2.26	1.54	2.13	1.04	1.00	1.59	0.50
2004	3.53	4.99	2.24	1.57	2.18	1.04	1.03	1.63	0.50
2005	3.50	5.82	2.69	1.56	2.46	1.26	1.03	2.10	0.65

续表

年份	卫生技术人员			执业（助理）医师			注册护士		
	合计	城市	农村	合计	城市	农村	合计	城市	农村
2006	3.60	6.09	2.70	1.60	2.56	1.26	1.09	2.22	0.66
2007	3.72	6.44	2.69	1.61	2.61	1.23	1.18	2.42	0.70
2008	3.90	6.68	2.80	1.66	2.68	1.26	1.27	2.54	0.76
2009	4.15	7.15	2.94	1.75	2.83	1.31	1.39	2.82	0.81
2010	4.39	7.62	3.04	1.80	2.97	1.32	1.53	3.09	0.89
2011	4.61	6.68	2.66	1.83	2.62	1.10	1.67	2.62	0.79
2012	4.94	8.55	3.41	1.94	3.19	1.40	1.85	3.65	1.09

资料来源：国家统计局。

表 3-3　2007~2012 年医疗卫生机构床位数情况

单位：张

年　份	每千人口医疗卫生机构床位			医院和卫生院床位	每千人口医院和卫生院床位	每千农业人口乡镇卫生院床位
	合计	城市	农村			
2007	2.83	4.90	2.00	3438260	2.63	0.85
2008	3.05	5.17	2.20	3748245	2.83	0.96
2009	3.32	5.54	2.41	4080662	3.06	1.05
2010	3.58	5.94	2.60	4401512	3.29	1.12
2011	3.84	6.24	2.80	4742330	3.53	1.16
2012	4.23	6.88	3.11	5271300	3.90	1.24

资料来源：国家统计局。

四、城乡社会保障差距

社会保障制度，是一个国家或地区通过立法对国民收入进行分配和再分配，对社会成员，特别是特殊困难人员，给予基本生活权利保障的社会安全制度。城乡的二元发展使城乡社会保障事业的差距尤其显著。从保险体系来看，城镇已经建立了包括养老、医疗、工伤、失业、生育等完善的保险体系，且基本覆盖了全部的城镇职工，而农村的社会保险体系只涉及新型农村合作医疗和新型农村社会养老保险，且广度和深度不高，实际受益程度相对较低。例如 2011 年，新农合人均筹资 246.2 元，人均补偿受益 130 元，而城镇基本医疗保险人均筹资 1170 元，人均补偿受益 936 元；新农保人均筹资 450.94 元，人均领取养老金 658.72 元，占农民人均纯收入的比例仅为 9.44%，城镇职工基本养老保险人均筹资 7834.31 元，人均领取养老金 18699.86 元，占城镇单位就业人员平均工资的比率为 44.74%。从社会救济来看，城乡救济保障的质量差距较大。据统计数据，截至 2013 年底，全国共有城市低保对象 1097.2 万户、2064.2 万人，全年各级财政共支出城市低保资金 756.7 亿元，城市低保月人均补助水平 264 元；全国共有农村低保对象 2931.1 万户、5388.0 万人，全年各级财政共支出农村低保资金 866.9 亿元，农村低保月人均补助水平 116 元。虽然农村低保对象是城市的 2.6 倍之多，全年各级财政支出的低保资金仅为城市的 1.1 倍多。总体来说，城乡之间在社会保障的覆盖面、保障质量等方面还具有较大的差距。

第四节　统筹城乡发展的路径与实践

统筹城乡发展是化解城乡经济社会发展不平衡矛盾，促进城乡资源和生产要素自由流动、相互协作及优势互补，实现城乡经济、社会、文化持续协调发展的重要机制。统筹城乡发展的核心是推进城乡一体化，统一规划城市和农村的经济社会发展；建立城乡互动机制，通过城乡有机融合，彻底打破城乡二元结构；最终形成城乡协同共进、融合发展的良好格局。

一、城乡资源配置一体化

推进城乡资源配置一体化，就是要统筹城乡的各种发展要素，引导土地、资本、劳动力、技术、人才、信息等资源在城乡之间自由流动、优化组合、高效利用，从而创造城乡各类经济主体平等使用生产要素的环境。推进城乡资源配置一体化，重点要围绕土地、资金、人力资源的配置，统筹谋划、加快推进。

城乡土地配置的一体化，关键在于突破“土地二元结构”，构建城乡一体化的土地制度和城乡统一的土地市场，建立健全土地要素市场，实现城乡土地“同地、同权、同价”；依法确认农民集体土地所有权的主体权能，保障农民应得的土地收入，维护农民的合法权益。城乡资金要素配置一体化，就是要鼓励和支持商业银行网点向基层延伸，开设县（市）分支机构；积极发展新型农村金融机构，完善农村信用担保机制，缓解农村“贷款难”、“担保难”等问题。城乡人力资源配置一体化，就是要将城市和农村的人力资源作为整体，统一规划和协调，消除城乡人力资源开发中存在的各种不平等障碍，缩小城乡人力资源发展的差距，优化城乡人力资源配置结构，提升城乡人力资源整体素质。

经国务院批准的成都国家统筹城乡综合配套改革试验区，在城乡资源配置一体化方面进行了有益的探索。土地方面，于2008年先后出台了《成都市集体土地上房屋交易登记管理暂行办法》、《关于开展农村集体建设用地基准地价评估工作的实施意见（试行）》、《成都市集体建设用地使用权流转管理暂行办法》、《集体建设用地使用权交易规则》，并成立了农村产权交易所负责土地流转的相关交易，使土地流转逐步走上规范化、法制化轨道。资金方面，成都市先后出台了《农村产权抵押融资总体方案及管理办法》、《农村产权抵押融资风险基金管理办法》等政策措施；完善了农村金融服务网络，积极推动成都市信用社完成了股份制改革，并于2009年1月将改制后的信用社改组为成都农商银行，大大提升了其服务“三农”的能力。人力资源方面，从2004年开始，成都市陆续出台了《关于促进城乡充分就业的意见》等一系列政策及其配套措施，形成了统筹城乡就业“三大制度”、“六大体系”的刚性制度。

二、城乡空间规划一体化

长期以来，由于缺乏统一的规划和设计，我国许多地区的城乡空间利用存在无序而低效的现象，直接影响了城乡一体化发展的进程。推行城乡空间规划一体化，就是要在土地集约利用的原则下，通过合理安排城乡空间结构，促进生产要素与空间资源要素自由流通，实现土地经济效益的最大化，进而推动城乡融合发展。城乡空间一体化规划设计，要从城乡之间的内在联系来考虑城乡布局、生产力布局等，形成和完善城乡一体化的规划体系，构建城、镇、村“三位一体”、同步共建的发展载体。城乡空间布局一体化的核心是实现产业的错位发展、优势互补。城乡产业空间布局，应从全局出发，结合城乡经济发展水平与城乡空间的不同优势，统筹城乡产业空间的配置，以促进城乡产业的优势互补、良性互动。城乡空间布局的一体化，根本目的在于合理利用城乡空间，推动城乡间资源、环境、产业结构等实现优势互补，协调发展。

成都市打破行政区界，按照“全域成都”的理念，大力推行城乡一体化规划，以促进城乡空间合理布局、功能优势互补。根据“全域成都”规划，成都市将形成“一区两带六走廊”的全域城乡空间发展格局以及“114322”的城乡体系结构。其中，“一区两带六走廊”中“一区”为成都市区，“两带”为龙门山、龙泉山生态旅游发展带，“六走廊”包括北部走廊、成灌走廊、成温邛走廊、南部走廊、成龙走廊和成金走廊，按照成都市城镇分布和生态格局，成都市都市区将沿“六走廊”的轴线发展。“114322”的城乡体系结构指由1个特大中心城市、14个中等城市、30个小城市、200余个新市镇、2000余个村级公共服务中心构成的城乡一体、协调发展的城镇体系。

三、城乡基础设施一体化

推行城乡基础设施一体化，就是要加大对农村道路、供电、供水、供气、信息、市场等的建设投入，强化城乡基础设施的衔接、互补，最终实现基础设施城乡共建、城乡联网、城乡共享，有效解决城乡基础设施建设脱节和城乡之间市场分隔的现实问题，从而为提高农民生活水平、改善农村生活环境、实现城乡统筹发展提供支撑基础。推进城乡基础设施一体化建设主要包括：加快交通基础设施建设，形成干支相连、区域成网、城乡通畅的公路交通网络，拓展市、镇、村的通达深度和广度；加快水利基础设施建设，有效提升农业的综合生产能力，保障农业的丰产丰收；加快配套基础设施建设，积极推进城镇供水、燃气、供热、污水和垃圾处理向农村的延伸，改善农村的生产和生活条件。

成都市的城乡基础设施建设一体化取得了可喜的成绩，2013年全市小城镇完成新改建农村公路1130千米、乡村客运场1座、乡村港湾式简易客运站6对，完成投资5.2亿元；共计新建（改造）40千米10千伏电力线路、75千米农村低压电力线路；新增自来水供水管长度1000千米，自来水普及率由58.4%提高到65%；新建乡镇污水处理厂4座、铺设污水管道415千米，乡镇污水处理率由67%提高到68%；新建燃气管线94千米，完成投资1000万元；总投资227万元，建设农村户用沼气池649口。

四、城乡公共服务一体化

公共服务，是指以政府为主体的公共部门为满足社会所有公民共同消费、平等享受而生产的社会产品与提供的社会服务的总称。公共服务内涵包括两个基本点：一是满足社会公共需要，二是公民平等享受。公共服务水平的高低与经济社会发展程度密切相关，具有明显的阶段性特征。城乡公共服务的一体化，要求政府为无论居住在城市还是乡村的公民，提供基本的、在不同阶段具有不同标准的、最终大致均等的公共物品和公共服务。推动城乡公共服务一体化，主要包括构建合理城乡教育体系，整合教育资源，加大农村基础教育投入，改善农村办学条件，缩小城乡教育差距，使城乡居民共享优质教育机会；大力发展城乡卫生事业，合理配置城乡医疗卫生资源，调整公立医院布局和结构，推动城市医疗卫生资源向农村延伸；统筹推进城乡基本社保，推动城市社会保障向农村延伸，形成社会保障城乡全面覆盖的新格局。

成都市把农村公共服务作为农村工作“四大基础工程”之一，出台了《关于深化城乡统筹，进一步提高村级公共服务和社会管理水平的意见（试行）》，提出以村为重点，围绕“五大机制”，构建城乡统筹的公共服务和社会管理体制，推动城乡基本公共服务均等化；按照“公益性服务政府承担、福利性服务适度补贴、经营性服务推向市场”的原则，明确界定村级公共服务和社会管理范围，细分为医疗卫生、就业和社会保障、文体、教育、农村基础设施和环境建设、农业生产服务、社会管理 7 大类 59 小项，并逐一明确供给的内容、方式、途径等，科学界定了政府、村（涉农社区）自治组织和市场主体各自的供给责任；坚持“制度构架城乡统筹、待遇标准城乡衔接、机构设置城乡统一、经办操作城乡一致”的原则，健全统筹城乡社会保险制度，构建城乡群众共创共享社会保障机制，逐步形成城乡一体的社会保险体系，统筹解决城乡居民老有所养、病有所医的问题，实现全民社会保障。

第四章　新型城镇化与基础产业发展

人类社会始于农业文明，农村孕育了城镇，农业的发展为城镇化提供了前提条件和基础；工业对规模化和专业化的追求，推动了企业与产业的空间集聚，为城镇化的加速发展注入了源源动力；第三产业的崛起和发展，极大地增强了城镇的吸纳能力，为城镇化的进一步发展提供了后续动力。发达国家城镇化的发展史表明，城镇化的发展与产业的演进息息相关，任何一个国家或地区城镇化的进程都伴随着产业的发展。产业支撑是城镇化发展的有力保障，李克强总理在《协调推进城镇化是实现现代化的重大战略选择》一文中指出，“城镇化需要不断强化产业支撑”，“城镇化需要产业发展来充实，通过产业发展促进就业和创业”。

第一节　新型城镇化与农业现代化

一、农业发展是城镇化的前提条件

城市起源于农业和非农业的分离，当少数人完全脱离农业生产而从事非农业活动时，才开创了人类文明和城市发展史。随着农业劳动生产率的提高，农业发展产生了剩余食物和剩余劳动力，为城镇化的发展提供了前提条件。剩余食物为从事非农业活动的人们提供了所需要的食物，如果农业生产力不能达到产生余粮的水平，城市就不可能出现，如果农业生产力产生的余粮不能大幅增加，城市就无法发展。剩余食物的量决定了城市人口的发展规模和城市发展的极限。城镇化进程要求大量人口从第一产业转向第二、第三产业，农业剩余劳动力满足了这一需求。剩余劳动力转入其他产业，一方面解决了城镇经济发展所需劳动力的内在压力，另一方面形成了刺激城镇化建设加快发展的外在压力，从而促进了城镇的住房、交通、水电等基础设施建设，以及教育、医疗等社会事业建设。

二、农业现代化是新型城镇化的基础

农业现代化是农业生产力发展的必然趋势，是传统农业向新型农业转化的过程与手段。我国的农业现代化主要指用现代工业提供的技术装备农业，用现代生物科学技术不断改良农业，同时用现代市场经济观念和组织方式来管理农业，不断提高农业生产力水平，使其由落后的传统农业日益转化为当代世界先进水平的农业。农业现代化对新型城镇化的基础作用，主要表现在其对新型城镇化食物和原料、土地和人力要素以及市场的支撑作用。

1. 食物与原料支撑

农业现代化的发展进一步提高了农业的劳动生产率，增加了农业剩余，为城镇化的发展提供食物及原料的支撑。食物方面，主要提供粮食、蔬菜、水果、油类、肉类、奶类及蛋类等，用于满足城镇非农业人口的生活需求。农业现代化的水平越高，每个农业人口能负担非农业人口的数量越大，如英国和美国，农业人口负担非农业人口的比重已达 1∶62 和 1∶70。原料方面，农业部门主要提供包括籽棉、谷物、油料、蚕茧等经济作物，以供棉纺织业、缫丝业、食品加工等轻工业企业生产之用。农业现代化的发展，将加大其原材料的供应能力，推动与原材料相关的加工企业向纵深发展。农业现代化水平的高低决定了所提供的食物与原料的数量和质量，进而决定了城镇人口的规模、城镇化的规模与速度，成为新型城镇化推进的重要基础。

2. 要素支撑

新型城镇化的推进需要土地、劳动力、资金等要素的聚集和高效利用，农业现代化的发展将集中释放城镇化所需的要素资源。土地方面，土地资源是城市边界扩张和基础设施建设的依托，但土地是不可再生资源，城镇化推进过程中需要的大量土地主要来自农业。城市对农业用地的占用，不能超过农业释放土地资源的能力，而农业释放土地资源的能力取决于农业生产力水平的高低。凭借农业技术的密集化和资源配置的市场化，农业现代化通过集约、高效地利用土地资源，为城镇化的空间扩张提供支撑。劳动力方面，农业现代化极大地提高了劳动力的生产率，集约的劳动力使用，释放了大量的农村剩余劳动力，满足了城镇化过程中第二、第三产业聚集产生的巨大劳动力需求。农业的生产力水平决定了农业能够释放的劳动力数量，进而决定了城镇化的人力资源规模。资金方面，农业发展对城镇化的资金支持包括外汇支持，发展中国家城镇化的初期一般以农业产品等初级产品换取外汇，以及农民携资进城兴办企业，农民集资兴建基础设施等。

3. 市场支撑

农业现代化为城镇化带来的市场支撑，一方面表现为农业部门对生产投入品的需求，另一方面表现为农业及农业转移人口的消费需求。从生产投入品的需求来看，农业现代化对现代农业机械、农用化肥等产品的需求，直接构成了对城镇相关工业部门的市场需求，带动了城镇产业体系的发展。从消费需求来看，农村是一个潜力巨大的市场，随着农业的发展、农民收入水平的提高以及恩格尔系数的不断下降，农民的消费需求将不断提高；另外，从农村转移至城市的人口，由于生活环境的变化，不仅消费理念和消费结构随之改变，消费需求亦随之提升。消费需求的增加，繁荣了市场经济，拉动了城镇相关产业部门的投资以及产业结构的优化升级，为城镇化的持续健康发展提供了强有力的市场支撑。

三、当前农业现代化水平及存在的问题

中国是一个传统的农业大国，虽然谷物的单产量不断提高，但是农业的劳动生产率依然处于较低水平。据中国科学院发布的《中国现代化报告 2012：农业现代化研究》，2008 年，中国谷物单产、水稻和小麦单产达到发达国家水平，玉米单产达到中等发达国家水平；而中国农业劳动生产率大约仅为世界平均值的 47%，高收入国家平均值的 2%，美国和日本的 1%。以农业增加值比例、农业劳动力比例和农业劳动生产率三项指标计算，2008 年，中国农业劳动生产率大约仅为中国工业劳动生产率的 1/10，中国农业现代化水平比中国国家现代化水平低约 10%。可见，我国的农业现代化水平不仅远远落后于发达国家，也落后于我国的整体现代化进程。当前，我国农业现代化主要存在以下几个问题：

1. 农业从业人员的整体素质偏低

随着知识经济的发展，人口素质的作用越来越明显，农民素质的现代化是中国农业现代化的重中之重。当前，我国农业从业人员的整体素质偏低，成为农业现代化进程中的一大障碍。根据 2006 年《中国农业年鉴》的统计，中国农民平均受教育年限只有 7.8 年，文化程度在大专以上的占 1.06%，高中及中专文化程度占 12.62%，初中文化程度占 52.22%，小学文化程度占 27.23%，文盲半文盲占

6.87%。同年，国务院研究室发布的《中国农民工调研报告》显示，在农村劳动力中，接受过短期职业培训的占 20%，接受过初级职业技术培训或教育的占 3.4%，接受过中等职业技术教育的占 0.13%，而没有接受过技术培训的高达 76.4%，农民素质偏低已成为制约农业现代化和新型城镇化发展的一大瓶颈。

2. 农业经营分散、规模小，劳动生产率较低

20 世纪 80 年代推行的家庭联产承包责任制，虽然极大地调动了农民的积极性，促进了农业劳动生产率的提升及农村经济的全面发展，提高了农民的生活水平，但是由于它以农户经营为基础，经营分散、规模小，不利于传统农业向现代化农业的转型。首先，分散经营不利于农业生产各部门的分工协作，使农业的规模化、产业化、集约化发展过程受阻，诸如机械化的规模作业无法施展，自然资源极度浪费，抗灾害能力薄弱，现代化生产能力低下，劳动生产率难以提高。其次，分散经营不利于对农业的科学管理，导致了农业资产的重复购置和低效率使用，加大了农产品的生产成本，并阻碍了农业科技的推广应用。最后，分散经营不利于农业在瞬息万变的市场经济下准确把握市场信息，进行科学决策，实现农产品经济效益的最大化。

3. 农业科技水平偏低

随着知识经济的到来，科技实力成为各国的核心竞争力，农业科学技术成为推动世界农业发展的强大动力。美国、日本、德国等发达国家，通过生物技术，推动农业向优质、高效、无污染方向发展；通过计算机信息技术，极大地提高了农业生产的可控程度。尽管我国在杂交水稻、转基因抗虫棉、抗禽流感疫苗等领域已处于国际先进水平，但是我国农业科技的整体水平依然偏低。一方面，我国农业科研投入不足，农业研发投资占农业 GDP 的比例近年来虽有增长，但是仍低于 1%的国际平均水平，更远远低于发达国家的水平。另一方面，农业科技成果的推广机制不健全，农业科研和推广分属不同的行政部门管理，科研与推广工作的不衔接不可避免地使农业科技系统内部的技术转移效率低下；另外，农户既期望无偿获得最新科学技术，又不愿承担采用新技术所带来的风险，形成了一道“弹性屏蔽”，无形中增加了农业科技的推广难度。

第二节　新型城镇化与工业化

一、工业化与城镇化关系的一般理论

19 世纪 70 年代，随着第二次科技革命的爆发，生产力提升到了新的高度，西方国家的工业化水平迅速提高，工业化的发展使原来分散的手工业生产方式和农村经济发生了性质上或地域上的变化，促进了非农经济活动的集中，城市规模由此飞速扩张。可见，工业化对城镇化的推动作用十分显著，工业化的发展推动了人口和资本不断向城市聚集，加速了城镇化的发展。许多经济学家的研究也证明了，城镇化与工业化的发展具有明显的正相关性。

根据威尔科克斯的研究，在 1870~1940 年长达 70 年的时间里，美国的城镇化率与工业化率的变动曲线，几乎是两条平行上升的曲线。测算分析也表明，1820~1950 年，发达国家工业化和城镇化的相关系数平均达到了+0.997。美国经济学家钱纳里和以色列经济学家赛尔昆，于 1975 年提出了城镇化与工业化的“发展模型”。通过研究各国经济结构转变趋势，该模型概括出了工业化与城镇化关系的一般变动模式：随着人均收入水平的提高，工业化的演进导致产业结构的转变，带动了城镇化程度的提高。从发展历程来看，发展之初，工业化成为城镇化的原始动力，加速推进城镇化；发展中期，两者相互促进，协调共进；而到工业化的后期，制造业占 GDP 的比重逐渐下降，工业化对城镇化的贡献作用也逐渐转弱。一般认为，工业化前的准备期，城镇化率在 30%以下；工业化的实现和经济增长期，城镇化率在 30%~75%之间；工业化后的稳定增长期，城镇化率在 75%以上。

二、工业化是城镇化发展的基本动力

工业化为城镇化发展提供了原始动力，城镇化是工业化发展的必然结果。工业化生产的客观要求是生产的集中性和规模化，由此产生的聚集效应促进了人口、资金、资源和技术等生产要素在有限空间内的高度组合，进而推动了城镇的形成和发展。恩格斯曾对此有过生动而形象的描述："大工业企业需要许多工人在一个建筑物里共同劳动。这些工人必须住在近处，即使在不大的工厂近旁，他们也会形成一个完整的村镇。他们都有一定的需要，为了满足这些需要，还必须有其他的人，于是手工业者、裁缝、鞋匠、面包师、泥瓦匠、木匠都搬到这里来。当第一个工厂不能保证一切希望工作的人都有工作的时候，工资就会下降，结果是新的厂主搬到这个地方来，于是村镇变成了小城市，而小城市又变成了大城市。"

工业在城镇化的发展中发挥了动力作用，首先，工业化为城镇化的发展提供了产业支撑。工业主导产业间联系程度的增加，引致产业在空间集聚范围上的迅速扩大，加速了城镇化过程；工业结构的调整进一步推动了城市规模的扩张和中心功能的升级。其次，工业化的发展提升了城镇的人口吸纳能力。工业化的推进以及专业化程度的提高，需要大量不同层次和专业的劳动力，为城镇吸纳了大量的人口，而这些新进人口在城市工作、学习和生活方面，必然需要各种高效和优质的社会化服务，从而推动了第三产业的崛起，为城镇化发展注入了新的活力。最后，城镇化的发展对基础设施和公共资源的需求也日益提升，工业化的发展增加了政府的财政收入，为城镇化提供了财力支撑。

三、城镇化为工业化发展提供支撑

工业化为城镇化发展提供了基本动力，城镇化通过外部经济效应和集聚经济效应反作用于工业化，为工业化发展提供了支撑。首先，城镇化为工业化的发展和结构演进提供了空间支撑。城镇规模及其经济容量的大小，影响着工业在城镇的结构布局和规模，而完善的城镇体系不仅足以支撑区域工业结构的演变，而且可为区域产业要素的整合提供基础。开发区和城市新区建设是城镇化发展的主要空间形式，有效促进了中心城区工业结构的优化升级。其次，城镇化为工业化发展提供了人力资源的支撑。城镇化是人口、资金、技术等要素资源不断聚集的过程，随着城镇规模的扩张，大量的技术工人和专业人才在城镇聚集，为现代工业发展提供了丰厚的人力资源。最后，城镇化为工业化发展提供了市场支撑，一方面，城镇人口增加带来了消费品市场需求的扩张，为相关产业结构的优化升级提供了相应的市场基础；另一方面，城镇人口增加引起了对城镇公共基础设施建设需求的扩大，为基础设施产业提供了充足的市场支撑。

四、工业化与城镇化互动发展中存在的问题

从本质上来说，工业化和城镇化都是要素转移的过程，前者是在不同产业部门之间的转移，后者是在不同空间地域的转移，目的都是为了获得较高的生产要素收益率。两者的关系分三种情况：城镇化超前于工业化，城镇化滞后于工业化，城镇化与工业化协调发展。城镇化超前或滞后于工业化均不利于经济和社会的健康发展。改革开放前，在计划经济体制下，我国采取优先发展重工业的赶超型工业化战略，造成工业化速度远超城镇化、城镇人口聚集严重滞后于资本集聚的局面。改革开放后，在市场经济体制下，经济迸发出新的活力，工业化和城镇化进程都得到快速推进，基本形成了相互促进的机制，但是仍然存在一些问题。

1. 工业化发展不均衡，部分城市存在“空心化”现象

工业为城镇化提供的产业支撑，是城镇化推进的现实基础和内在动力，其发展程度将直接影响城镇化水平。据中国社会科学院发布的《中国工业化进程报告(1995~2010)》，在七大区域中，长三角已经进入工业化后期的后半阶段，领先于全国其他地区；珠三角、环渤海和东三省处于工业化后期的前半阶段；中部六省和大西北处于工业化中期的后半阶段；大西南的工业化水平最低，处于工业化中期的前半阶段。区域工业化发展水平的不平衡，造成部分区域的产业支撑不足，阻碍了我国城镇化的协同发展。此外，在城镇化的推进中，部分城市出现了传统产业日益萎缩、民间资本涌向楼市和股市以及支柱产业外迁至成本更低区域等现象，造成当地就业机会缩减，吸纳转移劳动力能力减弱，甚至出现了不同程度的产业“空心化”现象。

2.“农民工”问题阻碍工业化和城镇化的协调发展

20 世纪 90 年代以来，农村劳动力不再局限于“离土不离乡，进厂不进城”的转移模式，开始了从农村向城市和沿海发达地区的大规模转移。据国家统计局统计监测调查，2013 年，全国农民工总量达 2.69 亿人，其中外出农民工 1.66 亿人，比 2012 年增加 274 万人。不可否认，农民工已成为“中国制造”的核心竞争力，成为推动我国经济发展的生力军。然而，在城乡二元制度的背景下，背井离乡进城工作的农民无法成为真正的市民，无法在子女教育、医疗、社会保障等公共服务领域享受与城镇居民相同的待遇，他们只能像“候鸟”一样常年徘徊在城乡之间，一方面影响了工业劳动力的稳定性，另一方面割裂了农民的职业转移

和居住地转移，直接造成了工业化进程和城镇化进程的分离。可以说，“农民工”这个群体的存在集中反映了我国城镇化滞后于工业化、城镇化与工业化不协调的问题。

3. 生态环境恶化，不利于工业化和城镇化的可持续发展

一般而言，环境具有提供自然资源和消纳废物两大功能，伴随着工业化和城镇化的发展，我国生态环境问题日益凸显。工业化方面，工业利用各种科技手段从自然界取得物质资源，集中强化加工、排除废物获得产出，既是有用产品的制造中心，也是破坏生态、污染环境的集聚地。我国工业发展规模大、速度快，众多工业部门在生产的各个环节，通过排放废气、废水、废渣等方式污染大气、水体和土壤，有些还产生噪声、辐射等危害。城镇化方面，部分区域和城市片面追求城镇化的规模和发展速度，导致城市大气、水域污染严重以及城市生活垃圾处理率低下等。生态环境破坏造成的后果一般需要很长时间才能消除，有些甚至不可逆转。工业化和城镇化的发展都是为了使人们的物质和精神生活不断得到改善，而其造成的生存环境的逐渐恶化不仅悖逆了其初衷，也不利于工业化和城镇化自身的可持续发展。

第三节　新型城镇化与第三产业

一、城镇化是第三产业发展的基础

根据著名的配第—克拉克定理，随着经济的发展、人均国民收入水平的提高，第一产业国民收入和劳动力的相对比重逐渐下降；第二产业国民收入和劳动力的相对比重上升；随着经济进一步发展，第三产业国民收入和劳动力的相对比重也开始上升。但产业结构的演进不能在“空中楼阁”进行，城市的出现和发展为其提供了相应的载体。

当生产要素和人口聚集达到一定规模，并产生足够的市场需求时，第三产业才能持续发展，城镇化通过其集聚效应为第三产业提供了发展基础。从生产服务来看，随着工业化发展到一定阶段，专业化日益强化，分工成为整个社会普遍的生产组织形式，对各种生产性服务的需求不断提高，使第三产业的服务内涵从一

般性的商业服务扩展到金融、证券、房地产和信息咨询等行业。从生活服务来看，城镇化聚集的大量人口，刺激了医疗、教育、餐饮等传统服务行业不断发展，同时在消费水平提高和需求多样化的背景下，促进了休闲娱乐、美容健身等产业的发展。可以说，没有城镇化，第三产业的发展将无从谈起。

改革开放以来，在我国城镇化建设的持续推进中，第三产业的就业率也不断上升。2011 年，城镇化率突破 50%，第三产业的就业率突破 35%，就业占比首次在三大产业中位列第一。如图 4–1 所示，从 1978~2012 年第三产业就业率和城镇化率的曲线来看，两者基本平行且具有相同的发展趋势。根据发达国家的经验，城镇化与第三产业的相关系数为 0.8，城镇化水平越高，第三产业的发展程度越高。

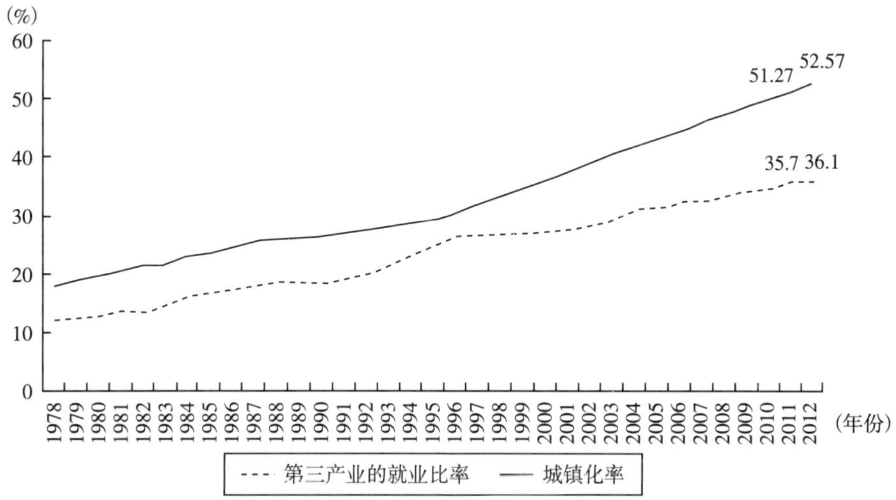

图 4–1 1978~2012 年第三产业就业比率和城镇化率

资料来源：国家统计局。

二、第三产业为新型城镇化发展提供后续动力

随着产业结构的演进，第三产业对经济发展的贡献率逐渐提高，并取代第二产业成为城市经济发展的主角，为城镇化发展提供了后续动力。首先，第三产业强化了城市的集聚效应。集聚效应是指各种产业和经济活动在空间上集中而产生的经济效果，以及吸引经济活动向一定地区靠近的向心力，是城市形成和发展的基本因素。第三产业的发展提高了城市生产生活的便利性，如交通、通信、物流和商业的发展有助于解决社会化大生产引发的原材料和产品的市场问题；金融与

保险、管理与信息咨询、城市基础设施等服务业的发展为城市经济持续发展提供了良好的外部环境；科学研究、文化教育等的发展为城市经济的发展提供了较高素质的劳动力。随着城市生产生活便利性的提高，城市的吸引力日益强化。其次，第三产业的发展有效发挥了城市的扩散效应。每个城市都是其所在区域一定范围内的经济增长极，而经济增长正是通过这些增长极逐渐向边缘地区扩散而实现的。第三产业的发展为城市扩散效应的发挥提供了重要条件，交通运输、通信服务的发展和金融等要素市场的发育，带动和影响了周围边缘地带的发展，形成了新的城市中心或卫星城市，推动着城镇化的不断发展。

三、第三产业与城镇化互动发展的现状及存在的问题

我国第三产业与城镇化的发展存在着明显的良性互动关系，第三产业的发展强化了城镇的产业支撑、提高了城镇的劳动力吸纳能力、完善了城镇的功能，而城镇化的发展又增强了第三产业发展的内在动力和市场容量。改革开放以来，我国第三产业和城镇化建设都得到了较快的发展，2012 年，第三产业的增加值达 23.14 万亿元，占国内生产总值的比重达 44.6%，城镇化率首次突破 50%，为两者的良性互动奠定了一定的基础，但仍然存在一些问题。

1. 第三产业发展滞后，制约了对城镇化的拉动作用

第三产业在一个国家或地区经济结构中所占比重的大小，成为衡量其经济发达程度的重要标准，而其在城市经济地位的上升成为城镇化水平提高的标志。虽然我国的第三产业已经有了很大的发展，但与其他国家相比发展水平依然偏低。2012 年，我国第三产业增加值占 GDP 的比重为 44.6%，吸收劳动力比重为 36.1%，而发达国家第三产业的产值和就业比重均超过了 60%，且大多达到 70% 以上。与世界上人均收入和中国相近的国家相比，我国的第三产业发展水平也明显偏低。除了其整体发展水平偏低之外，从第三产业内部构成来看，生产性服务业处于落后状态，主要表现在技术研发的市场化程度低，中介咨询服务业的国际化程度低，职业教育为制造业输送人才的能力较弱等。此外，我国第三产业的产品创新不足，服务品质和技术水平不高，在组织规模、管理水平与营销技术上与国外服务业都存在相当大的差距。第三产业发展的滞后影响了社会经济活动的质量和效率，制约了对城镇化的拉动作用，抑制了城镇化发展的水平和质量。

2. 第三产业劳动力吸纳能力未完全释放

随着我国经济的快速发展，第三产业成为吸纳社会新增劳动力，以及劳动力

在产业间转移的重要渠道。第三产业的就业人数占全社会从业人员的比重从1980年的13.1%上升至2012年的36.1%，净增加从业人员22158万人。虽然我国服务业就业人员数量呈稳步增长的趋势，每年净增数百万人，总量规模不断扩大，但与世界其他国家相比，我国服务业就业人员占全社会就业人员的比重仍然明显偏低。从2010年部分国家第三产业就业比重来看（见图4-2），我国的比重为34.6%，而美国、英国、法国、德国、韩国、新加坡、日本等国的比重均接近或超过70%，是我国占比的2倍多。即使是与同为发展中国家的马来西亚、菲律宾、巴西等国相比，我国的比重也落后一大截，同为"金砖四国"的巴西比重为60.7%，较我国高26.1个百分点。究其原因，其中包括我国的经济及城镇化发展水平尚不足以支撑第三产业的充分发展；第三产业中的部分行业对就业者的知识水平和专业要求较高，使大批劳动者无法转入等。可以说，我国第三产业对劳动力吸纳潜力还未完全释放，仍有待挖掘。

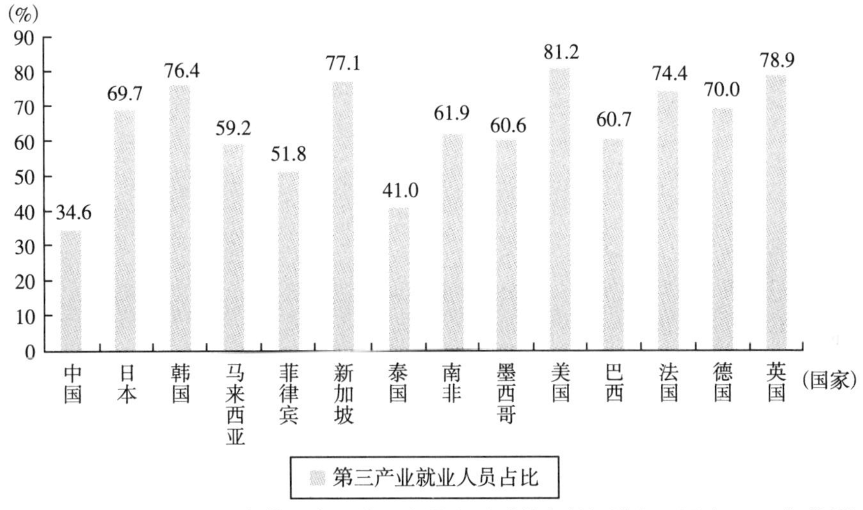

图4-2　2010年部分国家第三产业就业人员比重（其中新加坡和巴西为2009年数据）

资料来源：国家统计局。

3. 第三产业的区域发展不均衡

从各地区服务业发展的横向比较来看，我国东、中、西部地区服务业发展很不平衡，东强西弱的现象比较严重。从总量来看，2012年，我国东部地区服务业的增加值是中部地区的2.88倍，更是西部地区的3.43倍。从比重来看，2012年，东部地区服务业增加值占本地区GDP的45.4%，而中部地区为35.6%，较东部地区低近10个百分点，西部地区为37.3%，较东部地区低8.1个百分点

（见图 4–3）。中、西部地区服务业的发展滞后，不仅影响了国家中部崛起和西部大开发战略的顺利实施，同时削弱了服务业对城镇化的拉动作用。

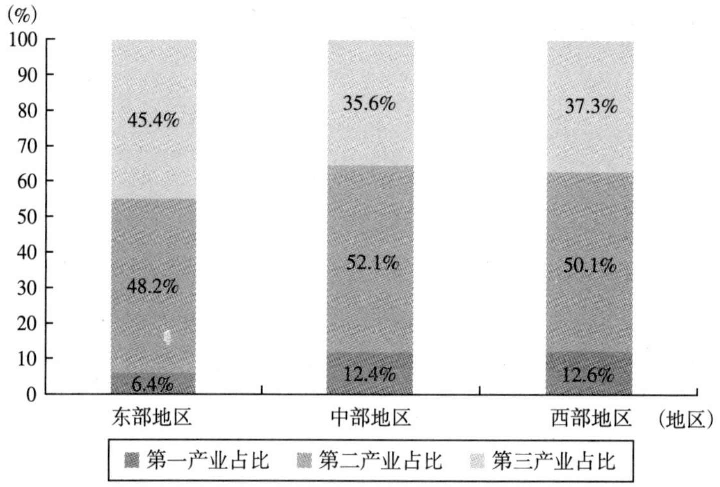

图 4–3　2012 年东、中、西部地区三次产业占 GDP 比重

资料来源：国家统计局。

第五章 新型城镇化与土地制度改革

土地是支撑区域发展最为基础的自然资源，是人类一切活动的载体。土地与城镇化发展存在极为密切的关系，城镇化的发展必然引起土地利用方式和利用结构的根本性转变，城镇边界的不断扩张，必然会带来大量土地的征收和占用。城镇化对土地的需求离不开土地制度的保障，而我国现行土地制度的诸多安排并非从城镇化健康发展的角度出发，近年来对城镇化推进的掣肘作用越来越明显。统筹城镇化与土地制度，使土地制度更好地匹配城镇化，成为新型城镇化能否健康发展的关键。

第一节 土地制度的历史沿革及基本特征

一、土地制度的历史沿革

新中国成立以来，《中华人民共和国宪法》（以下简称《宪法》）对土地所有制进行过五次重大调整。新中国成立初期，"共同纲领"中规定要"将封建半封建的土地所有制改变为农民土地所有制"，这是一定程度上的"土地私有制"。1954年《宪法》中明确规定，"国家所有制，即全民所有制；合作社所有制，即劳动群众集体所有制；个体劳动者所有制，即资本家所有制"，实行"公有、私有并轨的土地所有制"。"七五《宪法》"和"七八《宪法》"规定，实行"全面公有的土地所有制"。1982年，第四部《宪法》中首次明确提出"城市的土地属于国家所有，农村和城市郊区的土地属于集体所有"，奠定了我国"城乡二元的土地公有制”基础。分城乡来看，城市土地制度改革可以分为三个阶段，见表 5–1；农村土地制度的改革分为四个阶段，见表 5–2。

表 5–1 城市土地制度改革的三个阶段

时间	主要措施
1949~1987 年	城市土地归国家，采取行政划拨，土地无期限使用但不得转让
1988~1997 年	1988 年，设立国家土地管理局，规定国家依法实行国有土地有偿市场制度 1990 年 5 月，正式确立土地出让金制度，规定三种土地转让方式：协议、招标和拍卖
1998 年至今	1998 年 7 月，开始住房市场化改革，规定国有土地使用权必须公开招拍挂出让 2001 年，规定地方政府要对建设用地试行收购储备制度，全国累计成立 2000 多家土地储备机构 2002 年 5 月，国土资源部发布第 11 号令，颁布实施《招标拍卖挂牌出让国有土地使用权规定》，明确规定包括商业、旅游、娱乐、商品住宅用地的经营性用地必须通过招拍挂方式出让 2004 年，国土资源部颁布第 71 号令《关于继续开展经营性土地使用权招标拍卖挂牌出让情况执法监察工作的通知》，规定 2004 年 8 月 31 日以后所有经营性用地出让全部实行招拍挂制度，即所谓的“831”大限

表 5–2 农村土地制度改革的四个阶段

时间	主要措施
1950~1952 年	农村土地所有制改革：废除封建土地所有制，实施农民土地所有制 1950 年，《中华人民共和国土地改革法》
1953~1957 年	农业合作化：农民土地私有制转化为农民生产合作社集体所有 1951 年，《中共中央关于农业生产互助合作的决议（草案）》 1953 年，《关于发展农业生产合作社的决议》 1956 年，《高级农业生产合作社示范章程》
1958~1978 年	人民公社所有制改革：土地农村生产合作社集体所有制转化为人民公社所有制 1958 年，《关于农村建立人民公社的决议》 1959 年，《关于人民公社管理体制的若干规定（草案）》 1962 年，《农村人民公社工作条例修正草案》
1979 年至今	家庭联产承包责任制：土地所有权与使用权分离 1980 年，《关于进一步加强和完善农村生产责任制的几个问题》 1980 年，《全国农村工作会议纪要》 1993 年，对《宪法》进行修正 1998 年，决定将农民的土地承包期再延长 30 年 2002 年，《中华人民共和国农村土地承包法》 2008 年，《中共中央关于推进农村改革发展若干重大问题的决定》

资料来源：中国指数研究院整理。

二、现行土地制度的基本特征

我国土地实行社会主义公有制，即全民所有制和劳动群众集体所有制，基本特征表现为城乡分割的土地制度：城市市区土地属于国家所有，由各级政府代行所有者职权；农村和城市郊区的土地，除法律规定属于国家所有的以外，属于农民集体所有。实践中，各级城市政府成为当地城市土地的实际所有者，并成为城市建设用地的唯一供给者。政府通过征收农民集体土地、收储城市建成区土地等方式获得城市新增建设用地，征收过程使集体土地转化为国有土地，在土地一级市场中完成所有权的转移；按照土地性质及市场参与程度的不同，政府出让城市土地的方式可以分为划拨、协议、挂牌、招标和拍卖，政府通过上述方式将土地使用权出让给相关单位和个人，即土地的二级市场；而土地使用权人间的相互流转则构成了三级市场。图 5–1 是我国土地三级市场流转示意图。

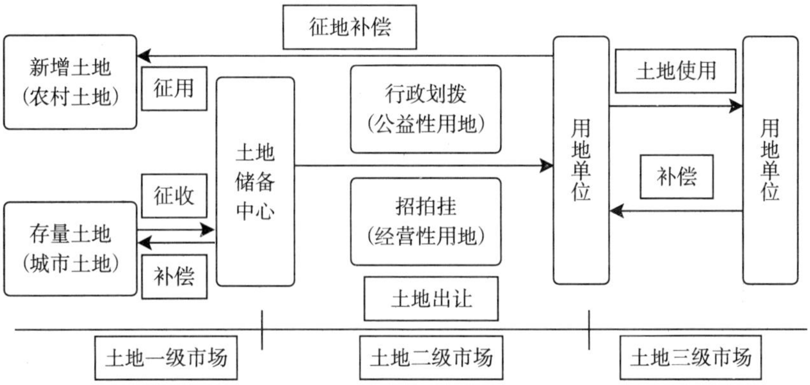

图 5–1　我国土地三级市场流转示意图

资料来源：中国指数研究院整理。

此外，我国土地实行高度计划管理制度。为确保粮食安全，我国有着最严格的耕地保护制度，即通过计划手段保护 18 亿亩耕地红线；在建设用地供给方式上也同样如此，各级政府每年均需制定土地供应、利用计划，并需严格按照计划征收储备土地，最终通过不同方式实现土地的供应出让。

第二节　现行土地制度下存在的问题

一、土地价格“剪刀差”日益明显

目前，我国土地制度具有城乡二元特征，城市土地属于国有，地方政府享有建设用地的处置权、出让权和收益权；农村土地则是农民集体拥有农地农用时的土地使用权、收益权和转让权。由于农地转为非农用时，必须要经过政府征收，政府通过低价征收农地，再以较高价格出让为城市建设用地的方式，获取一级开发价差。《中华人民共和国土地管理法》第四十七条规定，“征收土地的，按照被征收土地的原用途给予补偿”，此条款没有考虑土地的综合价值及未来价值；其中的第二款规定，“土地补偿费和安置补助费的总和不得超过土地被征收前三年平均年产值的 30 倍”。随着城市土地价格的飙升，土地交易过程中出现的“剪刀差”越来越明显。2011 年征地补偿约为 103 元/平方米，而土地出让均价约为 943 元/平方米，这意味着农民所获得的土地收益比例不到 11%。显然，被征地农民的利益没有得到有效保护，从而抑制了农村居民财产性收入增长和转移到城镇居住的能力，加剧了城乡利益矛盾，制约了我国城镇化的可持续发展（见图 5-2）。

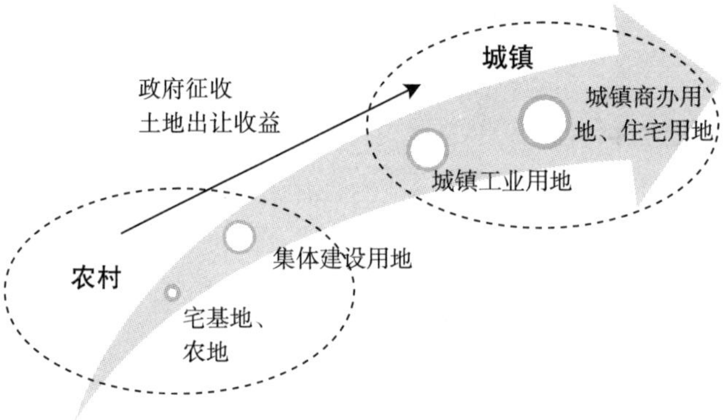

图 5-2　不同地不同权下的土地级差

资料来源：中国指数研究院整理。

二、地方政府土地财政问题突出

地方政府对城市经营性土地的垄断，导致其土地财政问题突出。如图 5-3 和图 5-4 所示，近两年，虽然全国土地出让金占财政收入的比重有所下降，但仍接近 50%的水平，部分城市的比重仍然居高不下，地方政府对土地财政过分依赖。从重点城市来看，2011 年，一线城市土地出让金占财政收入比重均低于 40%，其中深圳为 12%，然而部分热点二线城市，除重庆外，该比重均在 45%以上，其中沈阳、宁波甚至超过 65%。

地方财政寄望土地收入补缺。审计署对 36 个地方政府（包括 15 个省、3 个直辖市本级及其所属的 15 个省会城市本级、3 个市辖区）本级政府性债务审计的结果显示，2012 年，有 9 个省会城市本级政府负有偿还责任的债务率超过

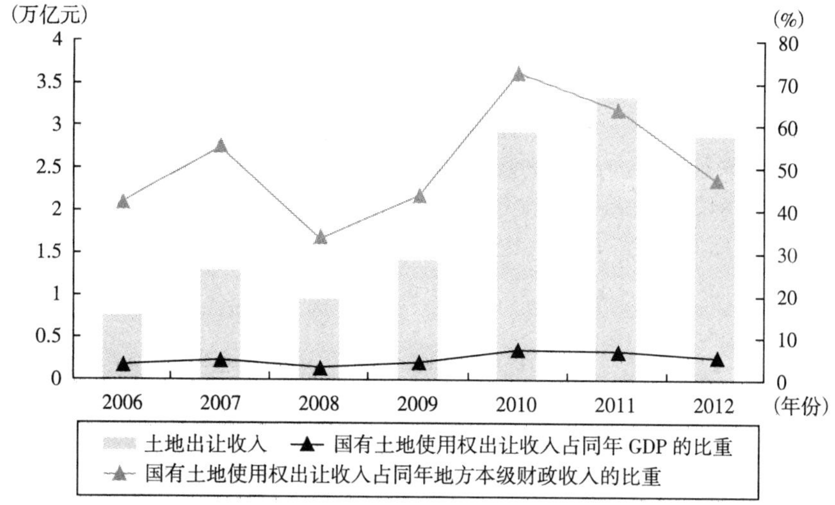

图 5-3　2006~2012 年全国土地出让收入占财政收入和 GDP 比重

资料来源：国家统计局、财政部。

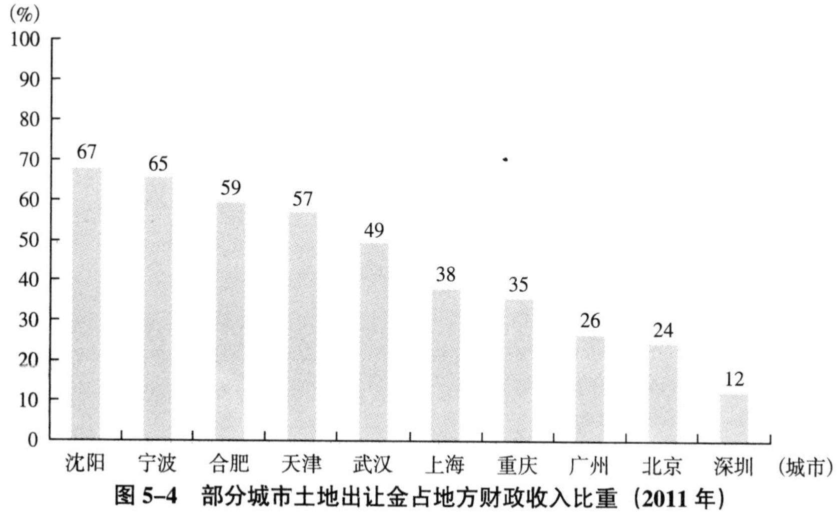

图 5-4　部分城市土地出让金占地方财政收入比重（2011 年）

资料来源：国家统计局、财政部、地方统计局。

100%，最高的达 188.95%，若加上政府负有担保责任的债务，债务率最高的达 219.57%；由于偿债能力不足，一些省会城市本级只能通过举借新债偿还旧债，同时有 14 个省会城市本级政府负有偿还责任的逾期债务已达 181.70 亿元。

为偿还债务，有 4 个省本级、17 个省会城市本级地方政府承诺以土地出让收入为偿债来源的债务余额 7746.97 亿元，占这些地区政府负有偿还责任债务余额的 54.64%，比 2010 年增长 1183.97 亿元，占比提高 3.61 个百分点。2012 年，这些地区以土地出让收入为偿债来源的债务需偿还本息 2315.73 亿元，为当年可支配土地出让收入的 1.25 倍。在巨大的债务压力面前，地方政府唯有通过多卖地、贵卖地来维持地方财政的稳定。

“土地财政”变相推高了土地价格。土地对于地方财政的推动分为两个方面：一是土地出让收入直接增加预算外收入；二是依靠城市扩张带来产业税收，这也是土地城镇化速度较快的驱动因素之一。由此构建起庞大的“土地财政”利益链条，在一定程度上推高了土地尤其是经营性用地的价格，其中一线城市人口集中度高、需求旺盛，土地出让价格居高不下的现象更为明显。

三、土地利用结构不合理

目前，我国城镇化过程中的用地结构不合理。首先，工业用地比重偏高。2012 年全年国有建设用地供应量为 69.04 万公顷，其中工业用地、商办用地、住宅用地和基础设施等其他用地供地面积分别为 20.35 万公顷、4.94 万公顷、11.08 万公顷和 32.66 万公顷，占比分别为 29%、7%、16%和 47%。如图 5-5 所示，自 2006 年工业用地全面实行招拍挂出让以来，工业用地迅速占领市场主体地位，若不考虑基础设施等其他用地，其所占比重均在 50%以上。国外综合性城市工业用地的比重在 15%~17%之间，远低于我国工业用地占城市用地的比重。城市土地利用结构的不合理，将会对城市产业结构的合理性产生影响，阻碍城市生产

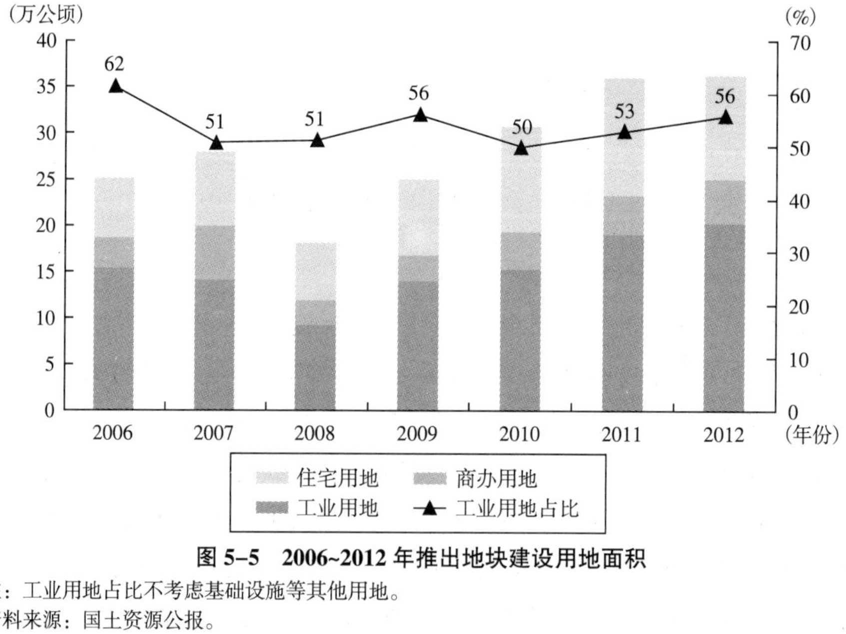

图 5-5　2006~2012 年推出地块建设用地面积

注：工业用地占比不考虑基础设施等其他用地。

资料来源：国土资源公报。

力的合理布局。

其次，我国住宅用地在土地市场的占比不仅远远低于国际水平，而且近年来呈逐年下降趋势。根据 2010 年中国国际金融公司颁布的《土地并不稀缺，中国建设用地供给潜力分析》，日本城市用地中 76%是居住用地，城镇人均建设用地 251 平方米，人均居住用地 191 平方米；而我国居住用地占建设用地的比重为 30%，城镇人均建设用地 98 平方米，人均居住用地 28 平方米。从世界几大城市来看，在可利用土地相对稀缺的亚洲城市，如东京、首尔，住宅用地占建设用地的比重均超过 50%，纽约、伦敦也都在 40%以上，均显著高于我国。随着城镇化进程的进一步推进，城市将聚集更多的人口，而人口是社会经济发展的原动力，解决城市人口的居住问题显得尤为重要，而住宅用地占比较低，不利于城镇化的健康、有序推进。

四、土地承载力及产出效益低

根据国家统计局数据，2011 年末全国城市建成区面积共 4.36 万平方公里，城镇人口 6.9 亿人，城市建成区承载人口数为 15843 人/平方公里，与 2010 年相比同比下降 5.25%，维持自 2006 年以来的下降趋势，且降幅较 2010 年扩大 4.02 个百分点。在近年的城镇化进程中，土地城镇化速度明显高于人口，城镇土地承载力水平未能随着经济水平的提升而提高，如图 5-6 所示。

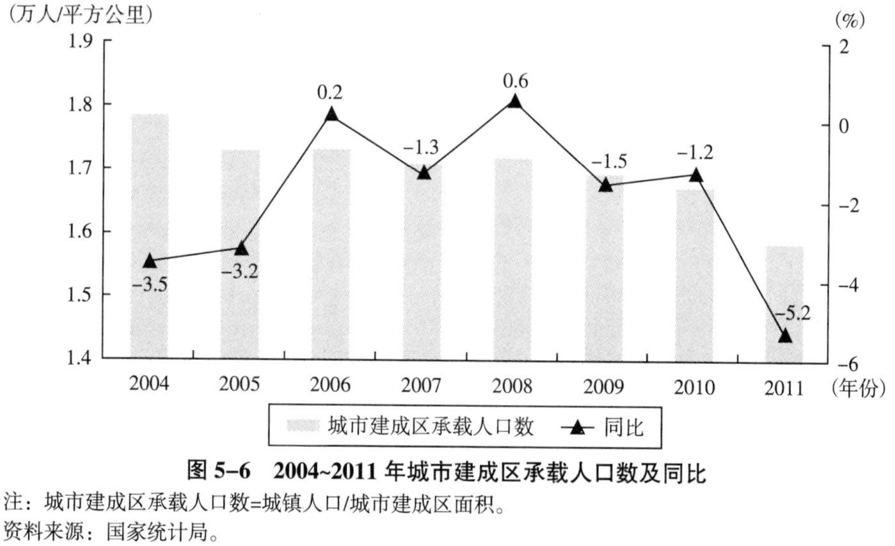

图 5-6 2004~2011 年城市建成区承载人口数及同比

注：城市建成区承载人口数=城镇人口/城市建成区面积。

资料来源：国家统计局。

2011 年，全国国内生产总值 47.3 万亿元，建成区地均 GDP 为 0.5 亿元/平方公里，同比增长 17.77%。图 5-7 和图 5-8 显示，自 2004 年以来，除 2009 年外，全国地均 GDP 同比增长均维持在 15%以上，表现出强劲的增长势头。但是与其他发达国家和地区相比，我国地均经济产出仍相对低下，2011 年，中国香港、新加坡地均 GDP 均达到 15 亿元/平方公里左右，而作为全国经济发展最为领先的一线城市，北上广深的“地出”效益明显落后，可见，提高单位面积土地的经济产出水平至关重要。

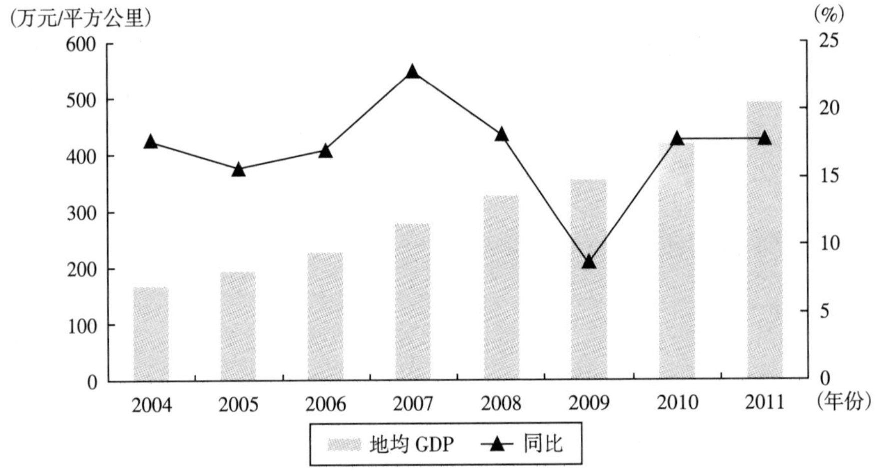

图 5-7　2004~2011 年全国地均 GDP

资料来源：国家统计局。

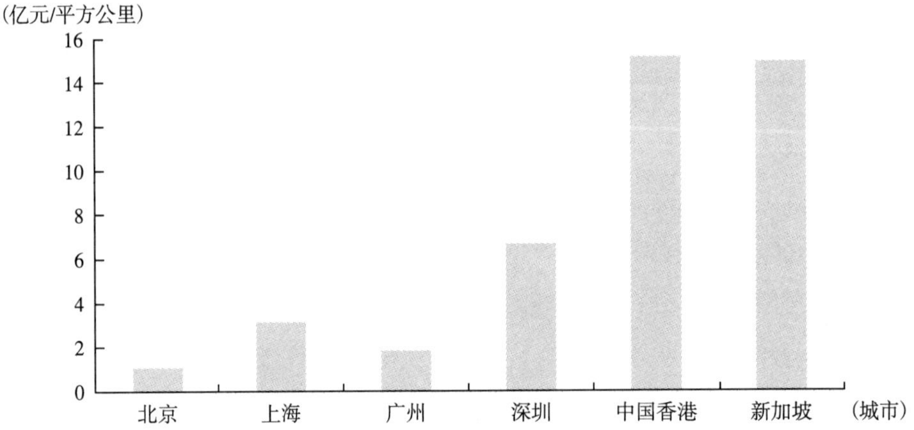

图 5-8　重点城市地均 GDP（2011 年）

资料来源：国家统计局。

根据国土资源部《2012 年国家级开发区土地集约利用评价情况》调查数据，我国工业用地的综合容积率约为 0.8，而发达国家一般在 1.0~2.0。在 341 个国家级开发区中，工业用地综合容积率最高达 3.36，最低仅为 0.08，工业用地综合容积率在 0.5 以下的开发区占总数的 15%；工业用地建筑系数①最高达 99.10%，最低仅为 11.11%；固定资产投入强度最高达 3.6 亿元/公顷，最低仅为 206 万元/公顷；产出强度最高达 25 亿元/公顷，最低仅为 26 万元/公顷。从这些数据中可以看出，即使在国家级开发区，工业用地的产出率仍明显偏低。2008 年国土部曾对 17 个城市的工业用地进行抽样调查，结果显示其产出率水平不足发达国家 20 世纪 80 年代的 2%。

第三节　土地制度改革的三大方向

一、调整用地结构，盘活存量建设用地

2007 年至今，我国 300 个城市土地成交量总体呈现逐年上升趋势，尤其是 2009 年以来，成交建设用地面积及规划建筑面积均呈现跨越式的增长，2010~2012 年出让规划建筑面积连续突破 20 亿平方米。可见，近年来我国土地供应相对充足，当务之急是调整用地结构，盘活存量建设用地。调整用地结构，就要按照促进生产空间集约高效、生活空间宜居适度、生态空间山清水秀的总体要求，形成生产、生活、生态空间的合理结构；适当减少工业用地、增加生活用地，特别是居住用地，并划定生态红线切实保护耕地、园地、菜地等农业空间。

盘活存量建设用地，就要切实提高城镇建设用地的利用效率。2012 年 3 月，国土资源部发布的《关于推进节约集约用地制度建设的意见》指出，实行开发区节约集约用地的鼓励政策，完善工业用地，提高利用率和容积率而不再增收土地价款的规定；在城市改造中实行低效利用土地“二次开发”的鼓励政策，在符合法律和市场配置原则下，制定规划、计划、用地取得、地价等支持政策，鼓励提高存量建设用地的利用效率；进一步完善节约集约用地的鼓励政策，鼓励用地单位利用已有土地开发地下空间和“二次开发”等。具体而言，对于集约度不够的工业用地，可以考虑采取包括空地闲置税、规划调整、合作开发等手段，引导市

---

① 建筑系数 =（建筑物占地面积 + 构筑物占地面积 + 堆场用地面积）÷ 项目总用地面积 × 100%

场投资者选择开发区的合适地段兴建多层厂房，让既有用地者实现无成本转移，大幅提高工业区土地利用率。2014 年 6 月，国土资源部发布了《节约集约利用土地规定》，这是我国首部专门就土地节约集约利用进行规范和引导的部门规章，自 2014 年 9 月 1 日起实施，将更好地推动我国城镇化的健康、可持续发展。

二、确认土地产权，加强集体建设用地使用权流转

中国现行的农村土地制度将农地产权结构分解为三种权利：所有权、承包权和经营权（使用权），而《宪法》规定的城乡二元制度指明，农村土地集体所有，农民只拥有承包经营权，而集体土地的转让、利用主体又受到诸多限制，这是城乡土地同地不同权的根源，直接导致农村集体土地所有权不完整，所有者不能买卖，农地流转受限。

土地流转的首要条件是土地确权。截至 2012 年底，全国集体土地发证率达到 94.7%，通过土地确权，可以解决我国农村长久以来所有权不完整的现状，而明晰农地产权是在现行城乡二元结构下推动土地改革的基础。2013 年中央一号文件提出，“用 5 年时间基本完成农村土地承包经营权确权登记颁证工作”，全国农村土地承包经营权登记试点工作领导小组研究确定 105 个县（市、区）为 2013 年全国农村土地承包经营权登记试点地区，在 2012 年 50 个县（市、区）试点的基础上进一步扩大范围，这为后续“农村土地承包经营权流转规范化管理和服务试点地区”范围的扩充做好了铺垫。

2013 年 11 月 15 日，中共十八届三中全会审议通过的《中共中央关于全面深化改革若干重大问题的决定》（以下简称《决定》）发布。《决定》在秉持“全面深化改革”主旨的前提下，对土地制度改革尤其是集体土地流转的方向做出明确指示。在农用地方面，《决定》提出，“坚持农村土地集体所有权，依法维护农民土地承包经营权，发展壮大集体经济。稳定农村土地承包关系并保持长久不变，在坚持和完善最严格的耕地保护制度前提下，赋予农民对承包地占有、使用、收益、流转及承包经营权抵押、担保权能，允许农民以承包经营权入股发展农业产业化经营”，“保障农民集体经济组织成员权利，积极发展农民股份合作，赋予农民对集体资产股份占有、收益、有偿退出及抵押、担保、继承权”。在经营性建设用地方面，《决定》提出，“在符合规划和用途管制前提下，允许农村集体经营性建设用地出让、租赁、入股，实行与国有土地同等入市、同权同价”。在宅基地方面，《决定》提出，“保障农户宅基地用益物权，改革完善农村宅基地制度，

选择若干试点，慎重稳妥推进农民住房财产权抵押、担保、转让，探索农民增加财产性收入渠道。建立农村产权流转交易市场，推动农村产权流转交易公开、公正、规范运行”。

三、完善土地增值分享机制及农民社会保障体制

国务院发展研究中心农村经济研究部课题组的调查显示，土地增值部分的收益分配，只有20%~30%留在乡以下，其中，农民得到的补偿款仅占5%~10%。由此可见，在中国土地城镇化的过程中，农民一直是弱势群体，并没有分享到土地出让带来的收益。土地制度改革能够打破现在的“城乡二元化”现状，实现同地同价，使农民能够直接享受到土地流转过程中产生的增值收益。

完善保障机制、提高农民收益分成。2012年12月24日，国务院提请十一届全国人大常委会第三十次会议初次审议的土地管理法修正案草案，对征收集体土地补偿作了重大修改——删除现行法第四十七条中按土地原有用途补偿和30倍补偿上限的规定。此外，修正案草案还增加了对征地农民的社会保障。在现行法第四十七条规定的土地补偿、安置补助、青苗和地上附着物补偿三项补偿的基础上，把住宅从地上附着物中单独列出，并增加了社会保障补偿。地方政府在提高农民收益保障方面有很多创新之举，如“土地入股”、“土地银行”、“地票”等，这些方式不仅直接给农民带来收益，而且创造了农村就业机会，提高了农民收入，符合新型城镇化发展方向。表5-3列举了一些城市提高农民收益的补偿措施。

表5-3 各地提高农民补偿措施

城市	主要措施
重庆	● 农民将其拥有的宅基地或者乡镇企业用地等农村集体建设用地，经过复垦和土地管理部门严格验收后，换取建设用地挂钩指标（地票），在农村土地交易所进行公开交易。企业购得的地票可得到等量城镇建设用地，在指标落地时冲抵新增建设用地的相关费用。完善产业用地用途变更机制。 ● 2010年9月26日，重庆市国土局出台《关于规范地票价款使用促进农村集团建设用地复垦的指导意见》，将地票分为基准价款和增值价款。农村土地交易价格低于基准价格时，土地所有者有优先回购权。地票成交后仍可能获得增值收益，两部分收益均由农户与农村集体经济组织按85：15比例进行收益分配。
成都	● 锦江区农民在土地出让过程中获得股权证，将原分散的集体土地和集体资产折成股价，平均分配给农民，农民可享有股权收益。 ● 温江区的保障制度称为“双放弃”换“三保障”，农民自愿放弃土地承包经营权和宅基地使用权，但政府将提供城市第二、第三产业的就业、提供城市的住宅，以及社会公共服务。

续表

城市	主要措施
安徽	● 小岗村的二次土地改革：从“大包干”到集中流转，加大农民土地流转补偿。 ● 2012 年 8 月，小岗村作为安徽省土地承包经营权确权试点，率先开始了确权。在土地确权的过程中，小岗村完成了建村以来最大规模的一次土地流转，总面积达 4300 亩，占全村总耕地面积的 1/5 以上，涉及 13 个村民小组、329 个农户，租期到 2027 年。为了减少土地集中工作的阻力，小岗村采用较高的补偿，补偿费用直接与中籼稻的国家收购价挂钩：以每亩每年 700 斤为标准，依据当年国家中籼稻的收购价格，折算成钱数补给村民。而在国内其他地区，类似的补偿标准是 400~500 斤/亩。

资料来源：中国指数研究院整理。

第四节　集体土地流转的探索

在保证耕地红线的前提下，各地采用多种模式探索农村土地流转，除了推动建立统一的建设用地市场、推动农村经营性集体建设用地入市外，还通过土地置换、地票、人地挂钩等模式，增加经营性集体建设用地，促成与国有建设用地同等入市流转。同时，还通过宅基地换房等模式，使农民向市民转变，推动城镇化进程。

一、直接入市流转

当前农村建设用地直接入市是主要模式。如图 5-9 所示，首先由土地权利人向土地所在县或市国土资源部门提出申请，其中由农村集体经济组织出让、转让、出租和抵押建设用地使用权的，在申请前应经依法召开的村民会议讨论同意。申请批准后向土地所在县或市国土资源部门申请办理土地登记手续，确认建设用地使用权和土地他项权利，随后便可直接入市交易，自由出让、转让、出租及抵押，与国有土地同地、同价、同权。至于流转所得收入的分配，各地不尽相同，就目前的试点来看，50%左右用于农民的社会保障安排，剩余的 50%，小部分用来发展村集体经济，大部分则分配给农民。

从模式上来看，农地直接入市的一大优点是增进了农民收益，同时有利于降低中国工业化的成本。未来，若农民可直接与工业企业谈判，价格或将比政府征用后再出让的价格更低，从而可进一步降低土地交易费用。然而，农地直接入市

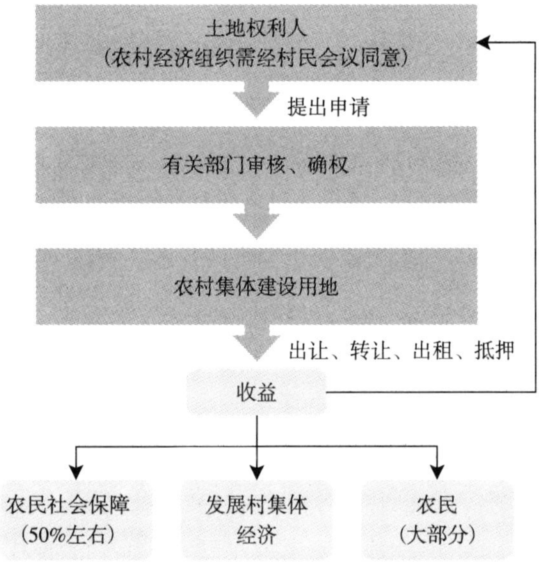

图 5-9 直接入市流转模式

资料来源：中国指数研究院综合整理。

也存在一定问题。首先，农地入市实际上对村干部和农民都构成激励，村集体可能会规避规划，谋求更改规划，甚至进行违规违法流转等，以谋求增加自己和集体的收益。因此，村民自治、村务公开制度，以及土地税费体系和登记体系仍需进一步完善。其次，“农民的宅基地不能流转”以及“通过出让、转让、出租方式取得的集体建设用地不得用于商品房地产开发和住宅建设”等规定对直接入市的农地类型有着严格界定，存在一定局限性。

◆ 广东

2003 年，广东省发布《关于试行农村集体建设用地使用权流转的通知》，试行农村集体建设用地使用权流转。2005 年《广东省集体建设用地使用权流转管理办法》出台，明确广东省内集体建设用地可以直接入市交易，自由出让、转让、出租和抵押，与国有土地“同地、同价、同权”，同时要求农村集体建设用地流转的收益 50%以上用于农民的社会保障。值得注意的是，宅基地将不被纳入流转范围，而流转后的土地也只能用于工业和商业、旅游、娱乐等经营性用途，不能用于商品房地产开发建设和住宅建设。此次试点为我国农村土地直接入市拉开了帷幕。

◆ 海南

2013 年海南省政府审议了《海南省农民集体建设用地管理办法》，办法规定对经批准纳入流转试点的农村集体建设用地，在经过 2/3 以上村民同意后，允许农村集体经济组织或者村民自主开发经营，或者由农村集体经济组织以转让、租赁、联营合作、作价入股等方式进行流转，用于旅游、农贸市场、标准厂房等非农业建设，发展集体经济，保障农民的发展权，但同时强调不能用于住宅建设，严禁商品性房地产项目建设。

◆ 安徽

2013 年 11 月，安徽省政府发布《关于深化农村综合改革示范试点工作的指导意见》，决定在全省 20 个县（区）开展农村综合改革示范试点工作。试点工作主要包括农村集体建设用地流转、土地流转信托、农村集体土地确权全覆盖等与农村集体建设用地流转相关的内容。意见指出安徽省将探索土地流转新机制。允许集体建设用地通过出让、租赁、作价出资、转让、出租等方式依法进行流转，用于工业、商业、旅游和农民住宅小区建设等。未来还将依托国有建设用地交易市场，建立城乡统一的土地交易市场，推进城乡统一的土地交易市场门户网站和交易平台建设，逐步实现申请、竞价报名、网上挂牌、在线竞拍、中标公示等全流程在线交易。

二、城乡建设用地增减挂钩

2004 年国务院《关于深化改革严格土地管理的决定》（国发〔2004〕28 号）提出，鼓励农村建设用地整理，城镇建设用地增加与农村建设用地减少相挂钩。2005 年国土部印发《关于规范城镇建设用地增加与农村建设用地减少相挂钩试点工作的意见》，并批准天津、山东、江苏、湖北、四川五省（市）率先开展试点工作。试点开展后，国土部又先后出台了《关于进一步规范城乡建设用地增减挂钩试点工作的通知》及《城乡建设用地增减挂钩试点管理办法》等政策文件，加强对试点工作的规划和引导。2008 年、2009 年国土部又分别批准了辽宁省、吉林省、重庆市等 19 个省市加入增减挂钩试点，目前经获批的试点省市共 24 个（见图 5–10）。

城乡建设用地增减挂钩，是指依据土地利用总体规划，将若干拟整理复垦为耕地的农村建设用地地块（拆旧地块）和拟用于城镇建设的地块（建新地块）等共同组成建新拆旧项目区，通过建新拆旧和土地整理复垦等措施，在保证项目区内各类土地面积平衡的基础上，最终实现增加耕地有效面积、提高耕地质量、节约集约利用建设用地、城乡用地布局更合理的目标。其中，挂钩周转指标是指国家和省为了控制城乡建设用地增减挂钩规模和周期，批准并下达给有关县（市、

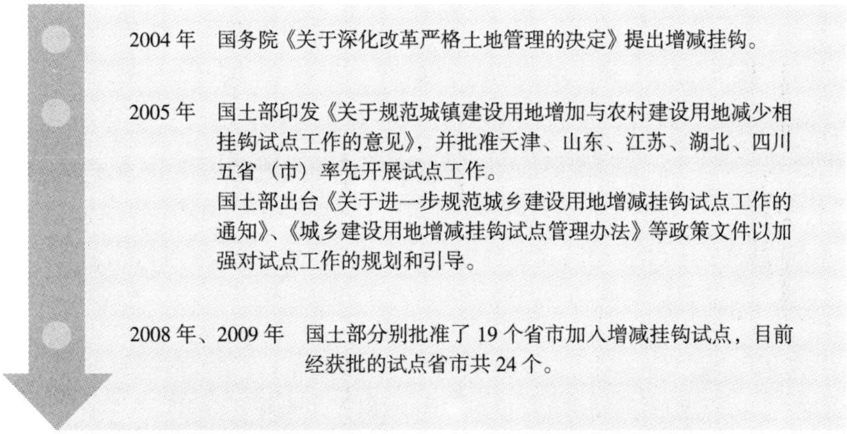

图 5-10　国家关于城镇建设用地增减挂钩试点工作的表态

资料来源：中国指数研究院综合整理。

区）一定时期内的一定数量的用地规模。指标应在规定时间内用拆旧地块复垦出来的耕地面积归还，并且要优先用于拆旧地块农村居民的安置（安置建新区）和乡村基础设施建设，指标使用后确有节余的可用于城镇（项目）建新区的建设（在确保拆旧区整理复垦新增耕地符合要求的情况下），如图 5-11 所示。

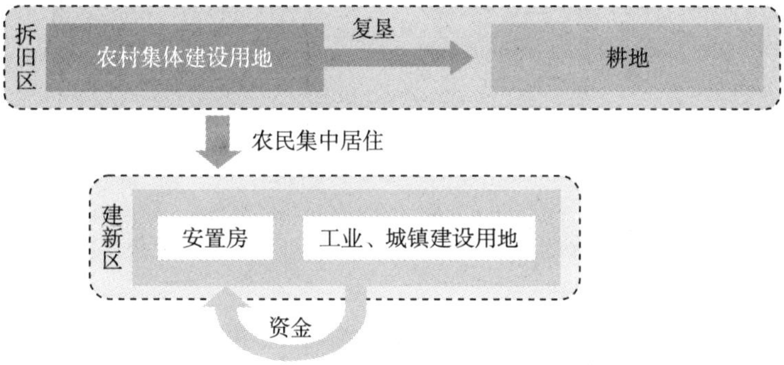

图 5-11　城乡建设用地增减挂钩基本模式

资料来源：中国指数研究院综合整理。

◆ 重庆

2008 年 12 月，重庆成立了全国首个农村土地交易所，主要进行地票交易和农用地使用权或承包经营权的实物交易。同时，《重庆农村土地交易所管理暂行办法》出台，以探索农村集体建设用地和城市建设用地指标在重庆市远距离、大范围置换的“地票”交易模式。如图 5-12 所示，“地票”即“建设用地挂钩指标”，特指农村宅基地及其附属设施用地、乡镇企业用地、农村公共设施和公益事业建设用地等农村集体建设用地复垦为耕地后，可用于建设的用地指标。“地票”持有人可凭地票申请政府征地，转用增加等量城镇建设用地。指标落地时，冲抵新增建设用地有偿使用费和耕地开垦费。实际上，重庆“地票”交易制度是利用增减挂钩试点政策，通过城市建设用地增加与农村建设用地减少挂钩。相比城市近郊区，在远郊偏远地区，农户对集体建设用地的增值收益预期不高。“地票”模式实现了在远郊区县偏远地区进行拆迁安置、在近郊区县用地的效果，因此该模式在解决城市建设用地紧张矛盾的同时，也在一定程度上降低了拆迁成本，减少了拆迁矛盾。

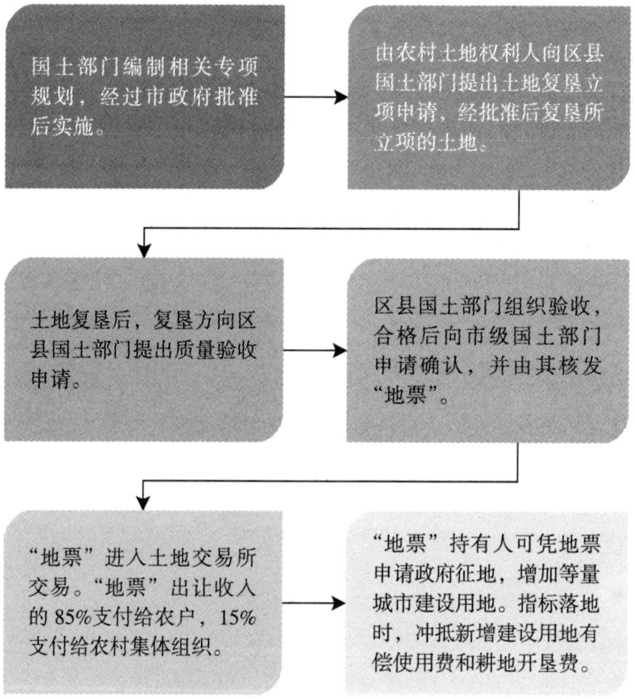

图 5-12　重庆“地票”模式

资料来源：中国指数研究院综合整理。

重庆房管局公布的数据显示，2008~2012 年，重庆农村土地交易所共举行地票交易会 28 场，交易地票 260 宗，成交面积 11.09 万亩，成交金额 222.02 亿元，成交均价从 2008 年的 8.18 万元/亩上升至 2012 年的 20.92 万元/亩（见表 5-4），落地使用的地票达到 5.3 万亩。为保障农民的权益，近几年，地票交易保护价也在逐步提高、渐趋稳定。首场地票交易会，地票的起拍价为 4 万元/亩；2010 年地票交易保护价提升为 13.6 万元/亩；2011 年 8 月以后，最低交易保护价调整为 17.8 万元/亩，这两次保护价的调整都被写入相关文件。

表 5-4　2008~2012 年重庆地票交易情况

年份	交易场数	交易宗数	成交面积（万亩）	成交金额（亿元）	单价（万元/亩）
2008	1	2	0.11	0.90	8.18
2009	7	52	1.24	11.99	9.67
2010	11	86	2.22	33.30	15.00
2011	6	80	5.29	129.18	24.42
2012	3	40	2.23	46.65	20.92
总计	28	260	11.09	222.02	20.02

资料来源：重庆市国土资源和房屋管理公报、中国指数研究院综合整理。

2014 年 1 月重庆在政府工作报告中明确提出，将拓宽地票功能和使用范围，说明地票试点到目前为止较为顺利，且有向更大范围拓展的可能。

三、农村股份制合作改革

广东土地改革实行较早，南海区从 1992 年下半年开始，尝试在罗村镇下柏管理区、里水镇沙涌管理区、平洲区洲表村三处试点，实行农村股份合作制改革。如图 5-13 所示，土地股份制的基本做法可归纳为两条：一是进行“三区”规划，把土地功能划分为农田保护区、经济发展区和商住区；二是将集体财产、土地和农民承包权折价入股，在股权设置、股利分配和股权管理上制定章程，成为“村宪法”。

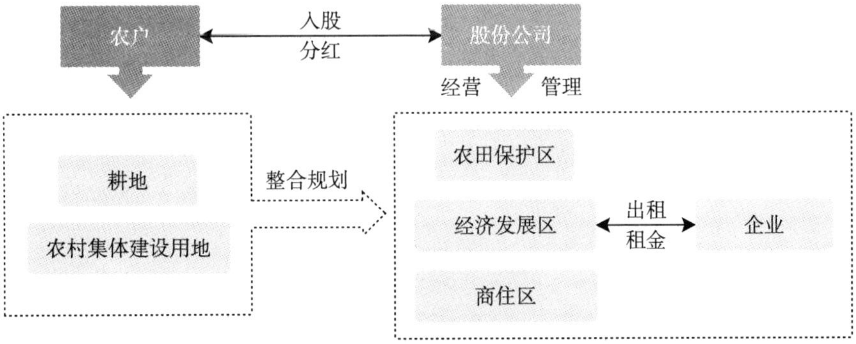

图 5-13　广东南海土地入股模式

资料来源：中国指数研究院综合整理。

在此思路下，各村的股份制方式各有差异，但总体上遵循如下原则：“人人有份”、年龄差异；允许股权在社区范围内流转、继承、赠送、抵押；同时把农民股权进一步划分为资源股（土地股）和物业股，资源股属于无偿配给，但不能继承、转让、赠送、抵押、抽资退股，物业股只对原有社区成员无偿配给，新增人口要以现金购入相应档次的物业股权；资源股和物业股分红比例相同。

经过数年实践，农村股份合作制虽成效显著，但仍存在一定问题。由于股权均严格限制在社区范围之内，集体组织之外的个人和法人资本不能进入，组织之内的股权不能流出，使股权不具有流动性、资本性和社会性，从而影响人口与资本的流动，影响产业的集中与升级，影响农村城镇化的进程。

四、集体土地建公租房

2012 年全国国土资源工作会议指出，将加强利用集体建设用地建设租赁住房试点管理。对于商品住房价格较高、建设用地紧缺的直辖市和少数省会城市，确需利用农村集体建设用地进行租赁住房建设试点的，由省级政府审核同意试点方案并报部审核批准后，可以开展试点工作，其中北京、上海已获批准。图 5–14 是各地集体土地建公租房试点的基本模式。

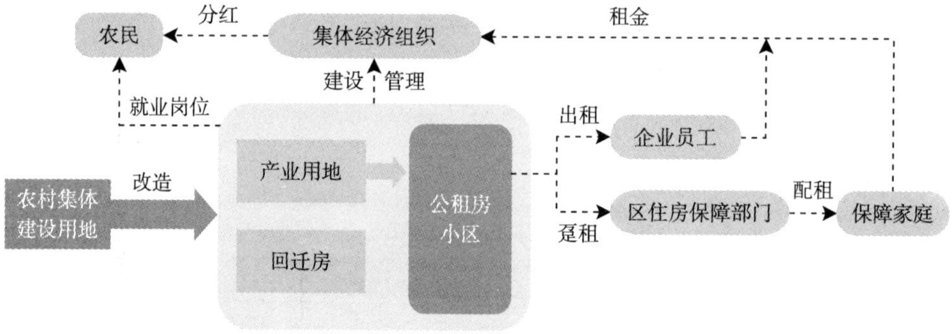

图 5–14 各地集体土地建公租房试点的基本模式

资料来源：中国指数研究院综合整理。

◆ 北京

北京市正在试点，在城乡结合部地区的存量集体土地上，建设公租房或企业职工租赁房，区域集中在海淀唐家岭、北坞村，昌平北七家等地。主要方法是，在城乡结合部改造腾退中，除了回迁房外，安排一定比例的产业用地用于建设租赁房。租赁房由村集体组织自建、自管，由市场调节房租价格，收益归村集体所有，由村集体组织化成股份分配给农民以增加农民收入。村集体可将其作为外来人口公寓出租给周边企业职工，租金每年向村民分红，或由政府统一租用后，作为公租房低价出租给符合条件的低收入家庭。

与小产权房不同，集体建设用地上建设的公租房，产权仍然为农村集体组织所有，不能出售给个人，只能配租给符合政府规定条件的家庭并纳入统一规范管理。此外，根据北京公租房政策，公租房的租期一般为 3 年，最长不超过 5 年，旨在杜绝以长期租赁方式变相出售公租房，从而占用集体土地的做法。

◆ 上海

上海市提出，综合利用农村集体建设用地，适当集中新建公租房，或由村集体利用农村集体建设用地，建设市场化租赁的单位租赁房，定向提供给产业园区、产业集聚区内员工租住。上海早期试点主要是在闵行区七宝镇、闵行区梅陇镇等，现在已涉及 8 个区，主要集中在外环线以外的郊区。其主要方法与北京类似，优先鼓励村集体利用农村闲置废弃的存量集体建设用地，特别是集体工业用地，由村民出资兴建，面向周边企业职工出租，租金由村集体每年向村民分红。

目前各地利用集体土地建设公租房或单位租赁房，都反复强调了“只租不售”的原则，有些还限制只能向企业或政府整体出租、租期不超过 5 年等。由于公租房收益率相对较低，许多村集体参与意愿并不强。尽管如此，各地在现行法律约束下进行的这些尝试，对于提高农民收入、缓解大城市的住房困难发挥了一定的作用。

第六章 新型城镇化与城市群发展

城市群是当今世界城市发展的主流和大趋势，是国家经济发展中最有活力和潜力的核心增长极。近年来，我国城镇数量和规模不断扩大，城市群形态更加明显，城市群已成为进一步推进我国城镇化的主要载体。在“十二五”规划中，中央继续强化“城市群”概念，要求“以大城市为依托，以中小城市为重点，逐步形成辐射作用大的城市群，促进大中小城市和小城镇协调发展”；2013年，中央城镇化工作会议提出，要优化布局，根据资源环境承载能力构建科学合理的城镇化宏观布局，把城市群作为主体形态，促进大中小城市和小城镇合理分工，功能互补、协同发展。城市群的发展符合国家长期导向，也是未来城镇化发展的主平台。

第一节 城市群相关理论

城市群是指以某个城市为中心，由若干个行政区划上相互独立、功能上相互依赖的城市组成的新的城市形态，城市间借助现代交通工具和信息网络相连接，形成一个物资、人员、信息迅速交换的广域的城市功能区。作为区域经济发展的主体，城市群已经成为国家参与国际竞争和国际分工的基本地域单元，越来越多的国内外专家学者聚焦于城市群及相关理论研究，特别是国外学者在城市群的理论探讨和实证分析方面不断取得突破，拓宽了许多新领域，对城镇化建设具有重要的指导意义。

一、田园城市理论

田园城市理论是城市群理论研究启蒙阶段的主要研究成果。田园城市理论由英国学者埃比尼泽·霍华德（Ebenezer Howard）在1898年发表的《明日—— 一条通向真正改革的和平之路》一书中提出。霍华德最先从城市群体的角度来研究城市，倡议建设一种兼具城市和乡村优点的田园城市，而若干个田园城市围绕中心城市构成城市群。田园城市理论对近现代世界各国城市规划产生了重大影响，被称为“现代城市规划的开端”。

1. 田园城市理论背景

18世纪后半期，英国等西方国家先后经历工业革命，之后城镇化进程加快，城市在扩张过程中产生的诸多社会和环境问题，如人口过度集聚，城市原有的市政基础设施不堪重负，城市环境污染、恶化等，对城市规划问题的研究显得日益急迫。在这样的时代背景下，并受当时英国社会改革思潮的影响，霍华德对种种社会问题如土地所有制、税收、城市贫困、城市膨胀、生活环境恶化等进行了深入的调查与思考，并逐渐形成综合处理各类问题寻求城乡融合发展的社会城市理论的基本框架，最终田园城市理论应运而生。

2. 田园城市理论核心内容

霍华德的“田园城市”主要通过“组合群体”来协调和发展，将城市和乡村的各自特点吸取过来，取长补短，加以融合。田园城市实质上是城和乡的结合体，主要通过以下三种途径来实现：首先，疏散过分拥挤的城市人口，使居民返回乡村；其次，建设新型城市，即建设一种把城市生活的优点同乡村的美好环境和谐地结合起来的田园城市，若干个田园城市环绕一个中心城市布置，形成城市组群——社会城市；最后，对城市收入来源、土地分配、城市财政支出、田园城市的经营管理等都提出了具体的改革建议，诸如改革土地制度，使地价的增值归开发者集体所有。该理论提倡用一系列小型、精心规划、兼具城乡优点的“磁体”来取代大都市，形成一个高效的城市网络，使城市与乡村能平衡、健康发展。

霍华德不仅提出了田园城市的设想，且以图解的形式描述了理想城市的原型，当田园城市发展到一定的规模，再由若干个这样的田园城市围绕一个占地4860公顷、人口为5.8万人的中心城市形成社会城市。其中每个城市之间设置永久的隔离绿带，并通过放射交织的道路、环形的市际铁路，以及从中心城市向各田园城市放射的且上面有道路的地下铁道和市际运河来相互联系。

田园城市理论虽然具有一定的理想主义色彩，但是其为城市规划问题提供了理论指导，也为统筹城乡发展提供了社会制度改革建议，可有效解决大城市畸形发展引起的各种问题，有助于推动城乡平衡发展这一城市规划思想体系的建立。该理论也被广泛用于世界许多城市的规划建设，影响深远。

二、增长极理论

1. 增长极理论背景

“二战”后，随着社会经济的全面复苏和飞快发展，国外城市群理论研究在多学科交叉作用及新科学方法与技术手段的运用下，获得较大突破，其中，法国经济学家佩鲁提出的“增长极理论”是对城市群研究的一大贡献。增长极理论是20世纪40年代末50年代初西方经济学家关于一国经济平衡增长抑或不平衡增长大论战的产物。

佩鲁于1950年在《经济学季刊》上发表的题为《经济空间：理论与应用》的文章中提出了以“增长极”为标志的不平衡增长理论。佩鲁的增长极概念深受熊彼特的创新理论影响，是将熊彼特的创新理论空间化的结果，增长极理论的前提就是创新。之后，法国经济学家布代维尔和美国经济学家盖尔对增长极理论进行了补充和创新，布代维尔主张通过“最有效地规划配置增长极来推进工业的机制”，进而促进区域经济的发展；盖尔指出，影响发展的空间再组织过程是扩散—回流过程，如果这个过程导致的空间影响为绝对发展水平的正增长，即是扩散效应，否则是回流效应。

2. 增长极理论核心内容

“增长极”理论以“不平等的动力学”或“支配说”为基础，认为增长在地理空间上不是均匀产生的，而是以不同强度呈点状分布，然后通过各种渠道进行扩散从而影响区域经济。如果把具有创新能力和增长能力的经济部门嵌入某地区，就会形成资本、技术的高度集中，从而形成集聚经济，产生规模经济效益，同时由于这些区域经济增长速度较快，逐渐产生增长中心，形成能推动整个区域周围经济增长的增长极。可见，具有创新能力的经济部门在增长极发展中具有支配作用，其可通过自身的增长和创新带动周围区域的发展，而其自身则会在发展过程中形成整个区域的经济增长中心。

增长极若要形成需具备以下三个基本点：①地理空间表现为一定规模的城市，增长极的形成需要有一定规模的资本、人才和较高的技术水平，通过不断投资扩大经济规模，提升城市的经济和技术水平，形成规模效益；②必须存在具有创新能力可推进经济发展的主导工业部门和不断扩大的工业综合体，增长极理论中区域经济发展的关键是具有创新能力的经济部门，以少数经济部门的发展推动整个区域经济的发展；③具有适宜经济发展和人才创新的外部环境，包括完善的基础设施、便捷的交通、良好的市场环境、合理的政策引导等方面。

在此理论框架下，经济增长是一个由点到面、由局部到整体，依次递进、有机联系的系统，其物质载体或表现形式包括各类别城镇、产业、部门、新工业园区、经济协作区等。增长极理论曾被许多国家用来解决各种区域发展和规划问题，其具有其他区域经济理论无法比拟的优点，如增长极理论对社会发展过程的描述更加切合实际、重视创新和推进型企业的重要作用；提倡鼓励技术革新；增长极概念简单易懂对政策制定者具有很大的吸引力。因此，增长极理论在推动社会进步和发展方面发挥了重要的推动作用。但增长极理论也存在许多缺陷：第一，增长极产生了严重的极化作用，使核心区域与周围地区的经济发展差距扩大，对周围区域产生负效果；第二，增长极极化阶段时间过于漫长；第三，具有推动作用的产业性质决定其并不能为社会带来更多的就业机会；第四，新区因基础设施不完善、交通不便等因素为投资带来了一定的难度。

三、大都市带理论

1. 大都市带理论的提出

大都市带理论是城市群理论研究的又一个深化和丰富。1957 年，戈特曼发表了具有深远影响的论文《大都市带：美国东北海岸的城市化》，以敏锐的洞察力和整合分析能力系统地阐释了美国东北部海岸出现的大都市带现象，通过对美国东北海岸从新罕布什尔州到弗吉尼亚州之间的这一城市密集区的研究，认为在过去的三个世纪里，这一地区对美国的发展起到了中枢性的关键作用，对世界上其他城市密集地区都是具有示范性意义的“实验室”。

戈特曼将大都市带定义为，具备特定条件地区的沿着特定轴线发展的巨大多核心城市系统，它由存在着各种形式的密切交互作用、空间形态相连的多个异质子系统（都市区）构成。各个子系统之间在人口、交通、信息、资金、物质和文化活动等方面以“流”的形式表现出来的高度交互作用，使这一巨大系统在自然景观和社会活动功能的许多方面表现出与周围地区显著的差异。

2. 大都市带理论内容

戈特曼认为，大都市带是城镇化进程在工业社会和后工业社会的必然表现形式。发生在区域内的人口、财富、智力及各种交易活动的高度聚集引起了各种要素的相互交织，由此引发的孵化器功能反过来又对区域的人口分布、居住区模式、土地利用、劳动形式及城市生活方式等重要社会经济活动的发展趋势产生了重大影响，从而成为除了区位和历史条件以外，影响大都市带形成的重要基础条件。

戈特曼以美国东海岸为例，将大都市带过程划分为四个阶段：①1870 年以前的孤立分散阶段：以贸易、行政职能为主的各个城市独立发展，整个地区的地域空间结构十分松散，但港口城市迅速发展；②1870~1920 年区域性城市体系形成阶段：以钢铁为主的重工业的发展使城市规模迅速扩大，带动了制造业的发展，同时铁路交通网络的形成加强了城市之间的联系；③1920~1950 年大都市的雏形阶段：中心城市的规模进一步扩大，单个城市的向心集聚达到顶点，第三产业呈现出强劲的势头，区域城市的枢纽作用得到充分体现；④1950 年以后大都市带的城市阶段：郊区化的出现导致城市空间范围进一步扩展，沿着发展轴紧密相连，大都市带自身的形态演化和枢纽功能逐渐走向成熟。

由于大都市带理论关于区域通勤流动性、信息服务经济以及美国东北海岸特殊区位优势和大都市带结构的观点具有前瞻性，对美国以及全球的区域发展产生了深远的影响。

第二节　中国城市群发展现状

近十年来，我国城市间交通状况得到极大改善，产业联系与经济合作也不断加强，区域经济一体化的进程加快，城市群的规划和建设急剧升温，除长三角、珠三角、京津冀之外，还涌现出许多新的城市群。其中，形成初具规模且被业界公认的主要有十大城市群，分别是长三角、珠三角、京津冀三个国家级城市群，以及辽中南、山东半岛、海峡西岸、中原、长江中游、关中、成渝七个已经形成一定规模的城市群。表 6–1 是十大城市群发展的基本情况。

表 6–1 十大城市群发展情况

城市群	2012 年 GDP（亿元）	2011 年常住人口（万人）	土地面积（万平方公里）	常住人口与面积比（人/平方公里）
长三角	104874.08	14358.15	20.16	712
珠三角	67254.61	6666.10	5.59	1193
京津冀	51897.44	8667.65	18.34	473
海峡西岸	33617.50	8992.31	27.00	333
山东半岛	32346.89	4491.80	7.40	607
辽中南	24446.10	3313.10	10.28	322
成渝	24337.13	6714.97	16.00	420
长江中游	50678.13	12443.69	26.32	473
中原	17448.80	4171.54	5.87	711
关中	8963.95	2349.82	5.50	427
合计	415864.63	72169.13	142.46	507

分析显示，十大城市群涉及全国 100 多个城市，土地面积约占全国总面积的 15%；2012 年实现地区生产总值超 40 万亿元，去除重复计算，占全国 GDP 总量近 3/4，2011 年常住人口占全国总人口比重达 54%。十大城市群在我国经济社会发展中充当了中流砥柱的作用。

其中，长三角城市群、珠三角城市群和京津冀城市群的发展最为成熟，区域合作水平也遥遥领先，被认为将长期“主导中国经济的发展”。2013 年，三大城市群以 2.8%的国土面积集聚了 18%的人口，创造了 36%的国内生产总值，成为带动我国经济快速增长和参与国际经济合作与竞争的主要平台。如表 6–2 所示，三大城市群发展特点各不相同，在不同区位上发挥了不同的聚散功能，奠定了不同的城镇化发展基础，代表了我国城镇化进程的总体水平和发展趋势，在国家明确提出“把城市群作为推进城镇化的主体形态”的新形势下，总结研究其发展状况具有重要意义。

表 6–2 三大城市群城镇化发展特点

指标	珠三角城市群	长三角城市群	京津冀城市群
发展优势	毗邻港澳的地缘优势	企业集聚和产业集聚的群落型经济优势、较高的经济国际化程度	特殊的地缘政治意义，政策战略优势和创新优势及全球化背景
核心城市	深圳、广州	上海	北京、天津
城市结构体系	广佛肇、深莞惠、珠中江三个城市群共同构成了珠江三角洲都市连绵区	金字塔格局，大城市极具优势，中小城市发育良好，城市等级结构比较完善，空间布局比较均匀，城市密度较大	以京津为核心并与河北 8 市地缘相连，拓展成环状分布

续表

指标	珠三角城市群	长三角城市群	京津冀城市群
城镇化发展动力	国家优先发展战略； 农村乡镇企业、私营企业利用独特的地理优势迅速发展； 利用外资发展外向型经济从而推动城镇化发展	自上而下的政策作用； 全球经济一体化的带动作用； 乡镇企业的扩张作用； 城市经济体系发展模式	以滨海新区为依托、以滨海临港工业发展带和渤海西岸五大港口为发展中心
发展模式	自上而下的农村城镇化	发展小城镇，大城市郊区化，促进城乡一体化	“点带轴”，推动两个核心城市、八个次中心城市及新兴城市的统筹协调发展

一、长三角城市群

1. 长三角城市群简介及区划

长三角城市群是我国城镇化程度最高、城镇分布最密集、经济发展水平最高的地区。地处中国东部“黄金海岸”和长江“黄金水道”的交汇处，经济实力雄厚。作为世界六大都市圈之一，长三角城市群已成为全球重要的先进制造业基地和电子信息产业基地。

长三角城市群主要由 16 座大城市构成，包括上海、南京、杭州三个特大城市，构成长江三角洲城镇体系的三大核心；镇江、扬州、泰州、南通、常州、湖州、苏州、无锡、温州、嘉兴、绍兴、宁波和台州等十几座城市沿沪宁、沪杭以及杭甬铁路干线密集分布。

2. 长三角城市群发展现状

长三角城市群发展模式被称之为“一核两翼”，即以上海为核心，在上海的聚集和辐射下，促进以杭州为副中心的南翼区域和以南京为副中心的北翼区域的共同发展，致力于成为世界性的市场和服务中心之一，并成为全球制造业高地。2012 年，长三角城市群 GDP 总量超过 10 万亿元，对全国经济增量的贡献率达到 19%，常住人口总数占到全国的 11%，成为拉动全国经济增长的重要一极（见图 6–1、图 6–2）。

随着中心城市经济实力的稳步发展，其对周边城市的带动作用逐渐显现，长三角城市群中心城市上海由于发展较早，近年来发展步伐逐步趋稳，城镇化率在 2011 年就达到 89%，2012 年达到 89.3%，是全国城镇化水平最高的城市之一。近年来，上海积极开展与周边城市的合作，共同筹建“园中园”、“共建园”等异地工业园，组织上海企业向外迁移。在产业和人口转移的同时，城市群内其他城

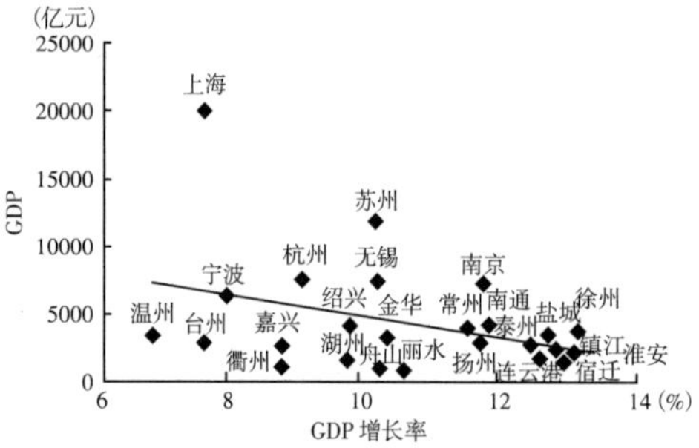

图 6-1 2012 年长三角 GDP 及其增速

资料来源：CREIS 中指数据，fdc.fang.com。

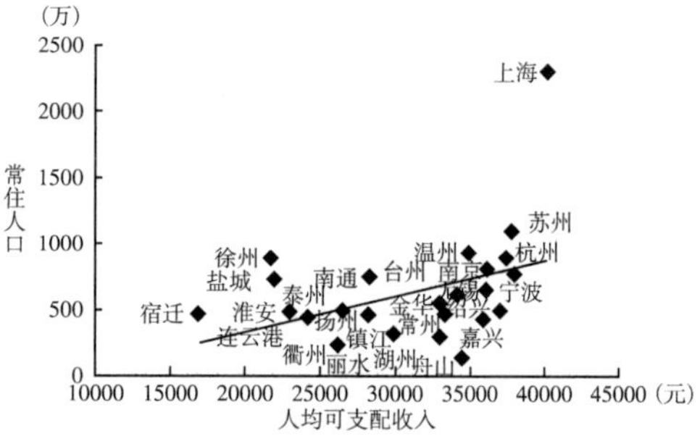

图 6-2 2012 年长三角人均可支配收入及常住人口

资料来源：CREIS 中指数据，fdc.fang.com。

市的综合经济实力也在不断提高，如苏州、无锡、宁波的 GDP 已经超过长沙、沈阳、郑州等其他区域的省会城市，而且除了中心城市资源的对外转移，周边城市间的资源合理利用也有利于城市群一体化程度的提高，如由扬州、泰州两市联合共建的苏中民用机场，就是周边城市服务资源一体化的典型之一。

长三角城市群发展功能定位明确，城市群内各城市职能及产业形成了较合理的分工，如上海是全国的经济、金融、商贸、航运中心及最大的城市，高层次服务业、高新技术产业和现代基础工业发达；南京是次中心城市，石化、电子工业发达；杭州产业以轻纺、旅游为主；宁波的石化与港口工业发达；苏州是新兴的制造业名城，IT 产业和旅游业发达；无锡的集成产业、常州的精密机械工业等较具特色。目前，长三角城市群的制造业工业门类齐全，轻重工业发达，是全国最大的加工制造业基地，其纺织、服装、机械、电子、钢铁、汽车等制造业在全国占有重要地位，电子信息、服务业增长迅速。

二、珠三角城市群

1. 珠三角城市群简介及区划

作为我国改革开放的前沿阵地以及对外联系的门户，珠三角城市群借助国家优势政策，实现了跨越式的发展。自 1980 年以来，城市建成区不断扩张，城市规模不断扩大，城市群实力显著增强。

珠三角城市群位于南部沿海地区，地处珠江出海口，毗邻港澳地区，以广州、深圳为中心，包括珠海、佛山、江门、中山、东莞五个地级市，以及肇庆市和惠州市的部分县区，土地面积约占全国的 0.5%，2011 年人口约占全国的 5.1%。

2. 珠三角城市群发展现状

珠三角城镇化过程起源于20世纪80年代，得益于优先发展的政策和财政倾斜，中国改革开放的实验区——广东的引领、乡镇企业的蓬勃发展以及“三来一补”外资企业的进入。珠三角城镇化的主要路径和发展模式，是自上而下的农村城镇化，是在利用外资发展乡镇企业的过程中，通过乡镇企业和民营企业的发展及其在农村的积聚实现的。

改革开放以来，珠三角城市群依靠毗邻港澳的地域优势和优惠政策，实现了经济持续高速发展，并成为全国市场经济最为活跃、经济发展最快的城市群之一。2012年，珠三角城市群实现GDP总量6.7万亿元，对全国经济增量的贡献率达13%。其中，深圳、广州是城市群重要的发展中心，经济实力强，经济外向型程度高，对周边城市的辐射带动作用较大。表6-3是2012年珠三角城市群主要城市GDP及常住人口情况。

表6-3 2012年珠三角城市群主要城市GDP及常住人口

城市	GDP（亿元）	常住人口（万人）	人均GDP（元）
广州	13551.21	1279.51	105909.37
深圳	12950.08	1300.18	99602.21
佛山	6709.02	723.10	92781.36
东莞	5010.14	825.48	60693.66
中山	2447.40	314.23	77885.63
惠州	2368.03	463.36	51105.62
珠海	1503.81	156.76	95930.72
江门	1910.08	445.55	42870.16
肇庆	1453.84	395.14	36793.04

资料来源：国家统计局、地方统计局。

珠三角城市群将其发展功能定位为我国的技术创新中心、创业孵化中心及全球生产基地。珠三角城市群内城市体系及城市职能分工不断发展。如广州是珠三角及华南都市圈的综合性中心城市，深圳是珠三角的经济中心城市，东莞是著名的国际制造业名城，珠海是风景旅游城市，加上其他各具特色的中小城市，珠三角城市群内已经形成各级城市圈合作竞争发展的新格局。

与长江三角洲不同，珠江三角洲的发展很大程度上归功于改革开放和中国香港、中国澳门的推动，其经济也是典型的外向型经济，产业以家电等轻化工业和新型服务贸易等第三产业为主，且已形成完整的产业结构体系。目前，珠三角城市群已经成为世界级的制造基地，珠三角制造业已经形成五大支柱行业，即电子及通信设备制造业、电气机械及器材制造业、金属制品业、化学原料及化学制品制造业、交通运输设备制造业。

三、京津冀城市群

1. 京津冀城市群简介及区划

京津冀城市群环渤海而建，为欧亚大陆桥的终点和东北亚内陆区域与太平洋联系的枢纽，交通四通八达，区位优势显著。长期作为国家行政中心的所在地，城市发展具有深厚的历史积淀，亦有强有力的政策支撑，在文化指数上一枝独秀，是当仁不让的国家文化中心。空间结构上以北京、天津为中心，与河北省的唐山、秦皇岛、廊坊、承德、张家口、沧州、保定等市地缘相连，拓展成环状分布，土地面积约占全国土地面积的 2%。

2. 京津冀城市群发展现状

京津冀城市群主要通过北京、天津双核城市的中心辐射效应推动区域经济增长，并凭借区域政策的倾斜和制度创新，始终保持着较高的增长水平。从整体来看，京津冀经济总量较大，2013 年，京津冀 GDP 首次突破 6 万亿元，达 6.2 万亿元，占全国 10.9%，京津冀已经成为继长三角、珠三角之后，第三个最具活力的城市群。其中，北京市生产总值达 19500.60 亿元，比 2012 年增长 7.7%；天津市达 14370.16 亿元，比 2012 年增长 12.5%；河北省达 28301.4 亿元，比 2012 年增长 8.2%。从城市群内部来看，区域内部差异较大，京津城镇化水平较高，河北，尤其是承德、张家口相对落后，而且次中心城市的经济实力不高。表 6-4 显示了京津冀城市群 GDP 增长情况及常住人口规模。

表 6-4 京津冀城市群 GDP 增长情况及常住人口规模

城市	2013 年 GDP（亿元）	2011 年常住人口（万人）	GDP 增速（%）
北京	19500.60	2019.00	7.7
天津	14370.16	1355.00	12.5
唐山	6100.00	737.07	4.1
秦皇岛	1168.80	300.62	2.6
廊坊	1943.10	424.90	8.3
承德	1272.09	372.96	7.7
张家口	1317.00	467.41	6.8
沧州	3000.00	734.82	6.7
保定	2680.00	1119.44	-1.5

资料来源：国家统计局、地方统计局。

京津冀城市群早就确立了成为中国、亚太地区乃至全球政治、文化和科学中心的功能定位，城市群内城市功能体系也有较明确的发展分工：北京不仅是全国政治、文化和国际交往中心，而且经济技术发达、产业基础雄厚、商业服务业发达，是全国最重要的经济和金融中心之一，同时又是全国最大的电子信息产业科研、贸易、生产基地，集中了软件开发及信息技术等方面的优秀人才；天津是中国北方重要的综合性港口城市和环渤海都市圈经济中心，是石油、海洋和精细化工基地，也是华北重要的港口物流中心和枢纽；河北环京津冀城市群，经济发展也有相当基础和实力，如唐山是冀东以煤和铁为主的能源和原材料生产的重工业城市，秦皇岛以交通运输、工业、休闲疗养旅游业为主，圈内产业关联度和城市功能互补性日渐增强。

在产业发展方面，京津冀城市群是我国重要的工业基地，也是我国北方最大的工业密集区。京津冀城市群的产业以能源、化工、冶金、建材、机械、纺织、食品七大产业为主，产业部门比较齐全，经济对外依存度相对较小；同时，20世纪 90 年代以来，随着北京“中关村”及其他科技园的建立，京津冀城市群内以电子及通信设备制造业为代表的高科技制造业，不论是企业数量还是增加值占全国的比重，都呈现出逐步上升的趋势，电子、信息、通信、生物、医药等新型产业正在崛起；该城市群也是我国重要的农业生产基地，以旅游业和金融业、服务业为主的第三产业发展势头良好。

2014 年，国家将京津冀协同发展上升为国家战略，京津冀城市群未来将面临着重大的发展机遇。京津冀一体化战略的实施将有效解决北京的发展问题，更有力地彰显北京优势，更广泛地激活北京要素资源；3 月 26 日，河北省召开推进新型城镇化工作会议，讨论《河北省委、省政府关于推进新型城镇化的意见》，提出打造京津保三角核心区，将保定作为畿辅节点城市，利用地缘优势，谋划建设集中承接首都行政事业等功能疏解的服务区，率先落实京津冀协同发展战略；发改委初步将京津冀区域划分为四大功能分区，整体规划布局将呈现“两核、三轴、一带、三重点”的特征，其中，天津具有中部优化调整区及东部滨海临港产业发展区双重功能，同时，作为两核之一，占据京津塘发展主轴，滨海新区将迎来发展利好。

综合来看，长三角城市群、珠三角城市群和京津冀城市群既是我国最早开始建设，也是目前国内发展水平最高的三大城市群，在整体发展水平、文化、经济上三足鼎立，显示出中国都市化进程初步形成了“差异化”的竞争发展格局。随着我国经济的快速发展和融入世界步伐的加快，这三大城市群将进一步发挥其对全国经济发展的重要引领和支撑作用，在更高层次参与国际竞争与合作，加快向世界级城市群迈进的步伐。

第三节　中国城市群发展存在的问题

中国城市群正处于快速发展阶段，发展尚未成熟，与世界上著名的城市群（如美国以纽约为中心的东部城市群、英国伦敦城市群以及日本东京城市群）相比差距较大。在城镇化加速发展的同时，我国城市群发展普遍存在着重形态建设、轻实质发展的问题，尤其是特大城市面临人口规模和面积过度扩张带来的“城市病”，具体体现在以下三个方面。

一、城市集中度不够、城市群内一体化程度不高，中心城市辐射力不强

与美国相比，我国城市群发展过程中存在着城市集中度不够、城市群内一体化程度不高的问题。我国有 34 个省级行政区，而美国有 50 个州和 1 个特区。从数量上推断，中国排名靠前省份在 GDP 中的份额应该明显高于美国，但实际情况是，如图 6-3 所示，作为前三强省份的广东、江苏和山东的占比分别为 11.0%、10.4%和 9.6%，而美国前三强分别为 12.9%、9.0%和 7.8%。我国前三强省份优势并不突出，且广东与加利福尼亚州的占比相差明显，说明我国城市群的

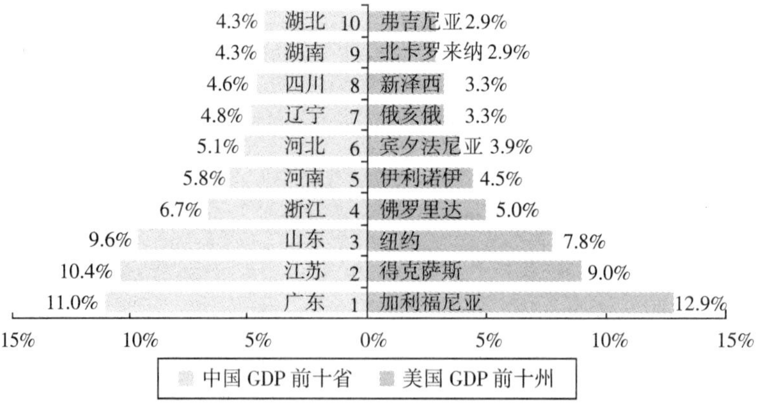

图 6-3　2012 年中国 GDP 前十省份和美国 GDP 前十州 GDP 占比

集中度有待进一步提高。

此外，我国城市群的中心城市功能偏弱，主导城市群发展的动力不足，未能形成适应区域性经济整体发展的核心辐射源，在某些层面上甚至加重了区域协调发展的内部矛盾。与全球性城市相比，中国三大城市群中心城市在经济总量和产业结构上都还存在着很大的差距。以北京为例，北京市的面积与日本东京大都市区、纽约大都市区基本相同，日本东京大都市区的产出占日本国内生产总值近32%，纽约大都市区占美国的近9%，而北京不到4%，北京总产出水平只相当于东京的14%、纽约的18%，说明中国特大型城市的生产效率和集聚经济水平与国际大都市相比还有很大的提升空间。

二、城市群内部尚未形成合理的城市分工和层级体系，产业结构趋同

成熟的城市群需要城市之间形成稳固强大的功能结构，形成密切的分工合作关系，而我国城市群内部“一城独大”的“寡头”现象比较严重，尚未形成合理的城市分工和层级体系，协调与合作处于“浅表阶段”。城市群的人口与资源“过度集中”，必然剥夺周边城市发展的资源与机遇，削弱城市群的整体发展水平和综合竞争力。例如，北京由于资源过于集中，上海由于自身发展过快，均影响了各自所在城市群形成合理的层级与分工体系。

除了资源的过度集中外，我国城市群各地区工业结构变化中还存在产业结构趋同的问题，即二次产业内部各部门构成形式、比例的相似性问题。“同质竞争”、“相互克隆”、缺乏特色和创新，这些成为影响我国城市群建设质量的主要问题。城市群各城市的功能不明确，产业的整体布局不规范，产业趋同必然会导致都市圈内的资源浪费和无谓的竞争，影响都市圈整体经济的发展。例如，长三角城市群各城市间的产业同构率均在65%以上，尤其是电子信息、汽车、新材料、生物医药等支柱产业的趋同率更高达70%。各城市政府受行政区划分和地方利益的影响，只是立足于本地利益，缺乏整体宏观协调，使得城市之间的协调具有众多障碍，阻碍了区域内资源的自由流动和有机融合，是造成城市群内产业结构不协调的重要原因之一。

三、城市群建设面临的资源与环境压力加大

在快速城镇化背景下，环境与资源问题已成为我国城市群发展的瓶颈，也是目前城市发展面临的首要问题。当前，工业化仍然是推动我国城市和城市群发展的基本动力，制造业是经济主体，我国城市群事实上已经发展成为世界工厂，消耗了大量的资源和能源，而大规模的资源和能源消耗及污染物排放，使我国的生态环境承受着巨大的压力，城市发展的生态空间也受到快速的压缩。

城市群集聚了大规模的人口和经济活动，资源环境问题尤为突出，主要表现为经济发展、人口增长与环境污染同步的趋势。全国经济最发达的三大城市群，环境问题也最为严重，根据环境保护部发布的 2013 年全年空气质量数据，京津冀区域全年空气质量达标天数比例不足四成，是全国空气污染最严重的地区；2007~2010 年，长三角区工业废水年排放量均超过 40 亿吨，珠三角、京津冀工业废水排放量也均超过 12 亿吨。在经济和人口快速增长的同时，如何兼顾经济效益和生态效益，缓解人口、资源环境压力已成为我国城市群发展面临的头等大事。

此外，在城镇化快速发展过程中还面临着空间合理拓展、经济均衡增长、管理体制机制创新等方面的挑战。未来城市群的发展应按照新型城镇化的要求，着力提升城市群质量，以人的发展为导向，走紧凑型、集约型、高密度的发展道路，努力发挥城市群在推进我国健康城镇化过程中的重要作用。

第三篇
城镇化实践与国外经验

本篇结合我国新型城镇化发展的核心特征，从提升城市运营水平、加快城镇产业升级等方面发掘新型城镇化实践中优秀企业的成功案例，总结其发展模式与经验，树立行业榜样；同时，研究了相关发达国家的城镇化建设经验，为我国的城镇化建设提供有价值的参考。

第七章　中新集团致力成为新型城镇化领军企业

中新苏州工业园区开发集团股份有限公司（简称中新集团），这家有着中国与新加坡双重“血统”的企业，见证和参与了苏州工业园区从一片空地上崛起的奇迹与辉煌，也由此成为城市综合开发与新型城镇化建设企业的翘楚。

随着国家制定出台新型城镇化发展战略与规划，中新集团迎来了发展的重要契机，复制并移植苏州工业园区新型城镇化的成功模式和经验，做新型城镇化的领军企业，发展脉络与目标已清晰可见。特别是不断进行产品与模式的丰富，如从城市综合发展商，延伸到镇级区域的开发，更是为领军未来注入了新内涵。

第一节 承载中新两国使命，中新集团不负重托

作为中新合作载体的中新集团，自成立之初就承载了中新两国政府合作开发苏州工业园区的历史使命，在多年的发展中，始终高举中新合作旗帜，不断创新中新合作模式，深化合作内涵，推动合作成果不断涌现，特别是工业园区的成功，树立了中新合作品牌的典范，彰显了中新集团的独特作用。目前中新集团旗下拥有中新置地、中新公用、中新教服、中新苏通、中新苏滁等参控股企业 40 多家，员工近 3000 人，总资产超 220 亿元。2013 年实现营业收入 52.8 亿元，实现净利润 5.32 亿元。中新集团在江苏宿迁、南通、常熟、张家港、安徽滁州等区域的城市开发中发挥先进的规划设计优势，针对不同区域量身定做开发规划，着力打造国内领先、低碳环保的可持续发展区域城市。中新集团的品牌价值在异地拓展中进一步提升，中新集团在苏州工业园区的成功经验在更大的范围内得到证明。

一、中新集团发展历程

1994 年 2 月 26 日，中国和新加坡两国政府在北京签署了《中华人民共和国政府和新加坡共和国政府关于合作开发建设苏州工业园区的协议》，成立了中新联合协调理事会。同日，苏州市政府与新方财团代表中新两国政府签署了《苏州工业园区商务总协议》。上述中新两国签署的文件成为公司组建的基础（见图 7–1）。

1994 年 8 月，先后经对外经济贸易合作部与国家工商行政管理局批准，成立合资公司“中新苏州工业园区开发有限公司”（见图 7–2）。

2008 年 6 月，中新苏州工业园区开发股份有限公司创立大会召开，股份公司正式成立，迈出了上市进程中的关键一步。

2009 年 6 月，公司更名为中新苏州工业园区开发集团股份有限公司（简称中新集团，见图 7–3）。

图 7-1 苏州工业园区商务总协议签约仪式

图 7-2 中新苏州工业园区开发有限公司成立

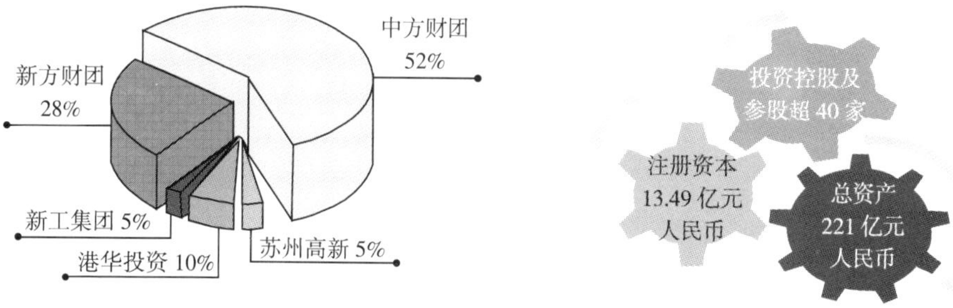

图 7-3 中新集团股份构成及规模

二、中新集团主营业务

1. 主业发展方向——新型城镇化建设

抢抓中共十八大关于新型城镇化建设的重大历史机遇，推进产城融合、产城一体的大型城市综合开发和以商住为主的小城镇中心集镇开发。

2. 发展格局——“一体两翼”协同发展

以包含招商、规划建设、软件转移、教育服务等内容的新型城镇化建设为主体板块，以房产开发和市政公用作为两翼支撑（见图 7-4）。

图 7-4　中新集团“一体两翼”发展格局

在新型城镇化建设方面，中新集团不断输出苏州工业园区成功经验。继 2006 年试水省内南北合作的苏宿工业园区之后，中新集团从 2009 年开始正式实施“走出去”战略，复制、推广其成功的模式和经验。苏通科技产业园项目是第一站，此后，第一个跨省复制移植项目——苏滁现代产业园推出。这些项目在复制苏州工业园区模式与经验的同时，也在不断进行着产品的延伸。特别是江苏常熟海虞镇新型城镇化项目的开发，更是丰富了中新集团新型城镇化的产品与模式。随着国家城镇化战略的提出，未来中新集团正不断成长为全国性的公司。

三、发展目标——新型城镇化领军企业

做新型城镇化的领军企业，对中新集团来说，苏州工业园区只是一个开始。

中新集团董事长赵志松在接受中国指数研究院分析师采访时称：“中新集团对于新型城镇化的理解包括两个方面：一是市场化，与其他地方创建开发区和新城时成立一个属于地方政府的城投公司不同，苏州工业园区实行的是真正的市场化运作，即由中国和新加坡两国财团共同成立中新集团，作为苏州工业园区的开发主体存在，无论是融资、运作，抑或规划、建设、招商，全部走市场化之路；

图 7-5　中新集团先人一步，领军中国新型城镇化

二是人口城镇化，即新型城镇要解决人的问题，苏州工业园区原来是苏州城郊的农村，而现在已经成为了拥有 70 多万人的现代化城镇，'交通便捷、产业发达、环境优美、社会和谐'，这十六个字可以说是我们对新型城镇化理解的概括。"

中新集团董事长赵志松认为，"交通便捷"，其实就是新型城镇化所倡导的城市群概念的延伸，就是通过与外界顺畅地沟通，使得各城市间的要素流通起来更为方便，人流、物流、交通流、知识流都能便利地互动。"产业发达"，就是要有产业支撑，而不能只顾一味地造城。"环境优美"，实际上也就是宜业、宜居，既有好的工作岗位，又有绿色、优美的生态环境，市民愿意留下来长期居住。"社会和谐"，简单来讲就是公共服务要到位，也就是这个城镇里的落户条件是否吸引人们，教育条件能不能做到公平、一流，医疗条件能不能满足人们的需求，这不是仅靠一个企业的市场化运作就能做到的，但是需要企业去推动实现这些条件。

中新集团通过 20 年的实践经验总结出的这十六字方针，与国家现在推行的新型城镇化内涵高度契合。

苏州工业园区已成为中新集团践行新型城镇化的一个样板，伴随未来城镇化战略的逐步落实，中小城镇将成为新的增长极，中新集团复制并移植其新型城镇化的成功模式和经验，不断进行产品与模式的丰富，从城市综合发展商延伸到镇级区域的开发。中新集团立志于先人一步，领军中国新型城镇化。

第二节　中新合作典范之作，苏州工业园区开启新模式

苏州工业园区——中国和新加坡两国政府合作开发的第一个项目，中国第一个市场化运营的城市综合开发项目。苏州工业园区的每一步跨越，都与中新集团的成长休戚相关，密不可分。

一、中新合作

中新两国政府通过中新集团这个合作载体，第一次在中国大地上以市场化的方式实施新型城镇化建设，将规划建设、融资招商等统筹考虑与布局，成功运作了一个驰名中外的新城区——苏州工业园区。苏州工业园区的成功，既树立了中新合作品牌的典范，也彰显了中新集团的独特作用。苏州工业园区被中新两国领导人视为中国改革开放的重要窗口和国际合作的成功范例。

苏州工业园区是中新互利合作的成功典范，也体现出中方学习借鉴的特色。

——习近平

2010 年 11 月 14 日

苏州工业园区吸引很多投资，带来很多就业机会，创造了优美的生活环境，远远超过我们原来的计划和梦想。

—— 李显龙

2010 年 9 月 13 日

二、规划先行

中新集团在开发工业园区上借鉴了新加坡“先规划、后建设，先地下、后地

上”的先进理念，制定了300多项富有前瞻性和科学性的总体发展规划，同时坚持以规划引导建设，以设计指导区域开发，强调规划执行的权威性与强制性，在实施中严格执行规划，“规划即法”，“坚持节约集约利用土地”。一次规划，分步实施，通过适度超前的基础设施建设和高品质的产业引进，中新合作区每平方公里基础设施平均投资强度达到5.6亿元，首期8平方公里建成区平均建筑密度达60%、容积率达1.3，接近新加坡中心城区水平，区域城市开发现状与17年前的总体规划蓝图基本一致（见图7-6）。

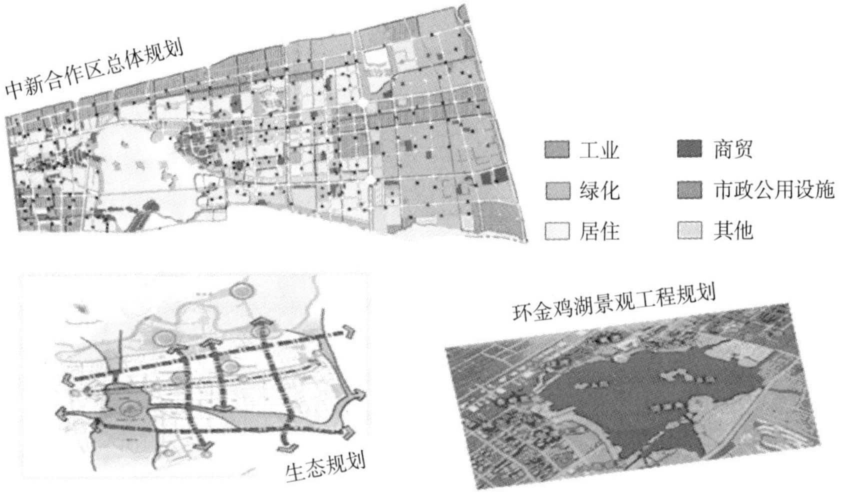

图7-6 苏州工业园区总体规划

三、产城融合

产业发展是推进城镇化发展的前提和基础，产城融合反过来也将促进新型城镇化的发展，“产城融合”模式是新型城镇化的发展方向。改革开放以来，长三角、珠三角等沿海发达地区迅速崛起一批高度专业化的产业集群，浙江的“块状经济”与珠三角的“专业城镇”成为亮点。“十二五”期间，上海、天津、成都等许多大城市都将产城融合发展纳入“十二五”规划。

随着“产城融合”模式的逐步推广，苏州工业园区也牢牢把握住这个重要的发展机遇，新型城镇化建设实现了质的飞跃。

2003年，苏州工业园区经济总量就达到开发前苏州全市水平，等于10年再造了一个新苏州。2013年，实现地区生产总值1900亿元，增长9.4%；公共财政预算收入 206.9 亿元，增长 11.8%；实现社会消费品零售总额 278.5 亿元，增长 16.2%；实际利用外资 19.6 亿美元，完成进出口总额 804.6 亿美元，完成固定资产投资 742.2 亿元；城镇居民人均可支配收入、农村居民人均纯收入分别达 4.9 万元、3.09 万元，分别增长 9.2%、12%。

苏州工业园区累计吸引外资项目超过 5000 个，实际利用外资 247 亿美元，其中 91 家世界 500 强企业在区内投资了 150 个项目；全区投资上亿美元项目 136 个，其中 10 亿美元以上项目 7 个，在电子信息、机械制造等方面形成了具有一定竞争力的产业集群。壮大新兴产业规模，实施生物医药、纳米技术应用、云计算等战略性新兴产业发展计划，2013 年实现新兴产业产值 2213 亿元，占规模以上工业总产值比重达 56.3%，成为全国唯一的“国家纳米高新技术产业化基地”（见图 7-7）。

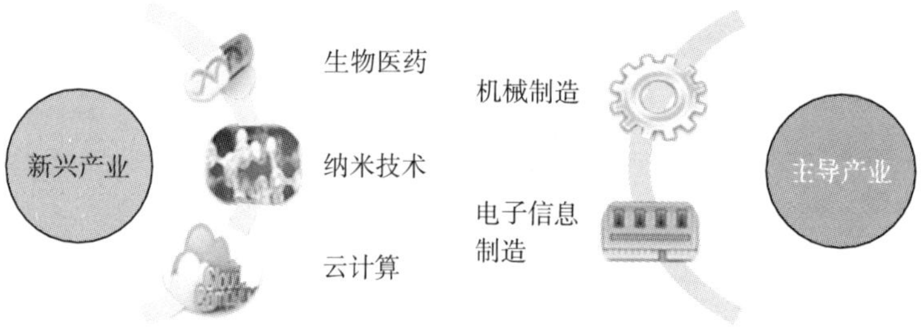

图 7-7　苏州工业园区新兴产业

苏州工业园区连续多年名列“中国城市最具竞争力开发区”排序榜首，综合发展指数居国家级开发区第二位，在国家级高新区排名居全省第一位。

四、生态和谐

经过 20 年建设，苏州工业园区发展已经基本成熟，主要经济指标年均增幅超过 30%，综合发展指数在国家级开发区中名列前茅。目前，苏州工业园区以约占苏州市 3.4%的土地，5.8%的人口、7%的工业用电量创造了全市 15%左右的 GDP、地方一般预算收入和固定资产投资，30%左右的注册外资、到账外资和进出口总额，成为长三角经济社会发展的重要增长极。园区每平方公里投资强度已达 10 多亿美元，而万元 GDP 能耗、单位 COD 和 SO_2 排放量仅为全国平均水平 1/3、1/18 和 1/40。生态环保指标连续 4 年列全国开发区首位（见图 7-8）。

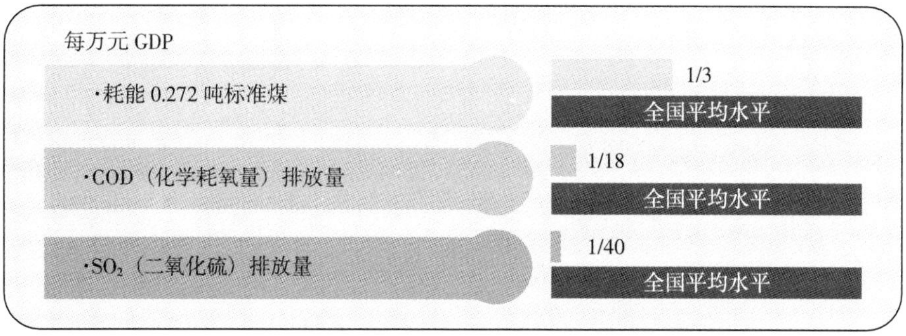

图 7-8　每万元 GDP 耗能及 COD、SO_2 排放量

近年来，苏州工业园区全面推进转型升级，全力加强生态建设，在巩固“国家生态工业示范区”创建成果的基础上，积极制定并启动实施“生态优化行动计划”，园区生态文明建设水平持续提升，生态环保指标连续多年名列国家级开发区首位，园区生态建设规划体系日趋完善，生态优化工作成效明显，生态建设社会氛围更加优化。白塘植物园等一批开放式生态公园，绿地覆盖率达 45%，以及全年多达 331 天的优质空气质量，阳澄湖等生态功能区的区域环境质量综合指数达 97.4，整体通过 ISO14000 认证。

第三节　中新集团“走出去”践行新型城镇化

中新集团从 2009 年开始实施“走出去”战略，复制苏州工业园区的模式和成功经验。这与中新两国领导人明确的“苏州工业园区只是一个开始”是吻合的。随着新型城镇化战略的提出以及产业转移等，中新集团通过**产业新城建设**（苏通科技产业园、苏滁现代产业园）、**城镇升级改造**（苏宿工业园、常熟海虞镇、张家港乐余镇）等项目，不断总结归纳绿色生态的规划理念，积极开展对“绿色新城”概念的尝试与实践，探索“走出去”进行新型城镇化建设的可行性。它将在苏州工业园区经验的基础上作全面提升、优化，遵循**“规划引领、产业先行、产城融合、以人为本”**的开发理念，进而建立起符合区域特征的新型城镇化建设模式，最大限度地挖掘和提升土地资源价值，赋予新型城镇化建设低碳、绿色、环保及可持续发展等新的时代特征，把中新合作品牌运用和推广到更大范围和区域（见图 7-9）。

产业新城项目

苏州工业园区 /1994 年 2 月 /80 平方公里

苏通科技产业园 /2009 年 5 月 /50 平方公里

苏滁现代产业园 /2012 年 4 月 /36 平方公里

小城镇建设项目

苏宿工业园 /2011 年 1 月 /2.08 平方公里

海虞镇新型城镇化项目 /2013 年 9 月 /1.66 平方公里

乐余镇新型城镇化项目 /2013 年 10 月

图 7–9　中新集团城镇化实践案例

一、产业新城建设项目

继 2006 年在江苏省内南北合作开发苏宿工业园区之后，中新集团从 2009 年开始正式实施“走出去”战略，复制、推广其成功的模式和经验。当年 5 月，中新苏通科技产业园（南通）开发有限公司暨苏通科技产业园项目揭牌仪式隆重举行，此后，中新集团又推出其第一个跨省复制移植项目——苏滁现代产业园，迈出了向江苏省外发展的坚实一步。

1. 苏通科技产业园

苏通科技产业园位于南通市南部，南通长江大桥北翼，距离上海和苏州 1 小时车程，规划面积 50 平方公里，一期开发 10 平方公里，于 2009 年 5 月 26 日正式启动。是江苏省沿海开发和跨江联动开发的重点项目，也是苏州工业园区成功经验推广辐射的创新区（见图 7–10）。

中新集团力争通过 10~15 年的开发建设，把苏通科技产业园建设成为一个融生产、生活、商贸、居住于一体的高科技、生态型、国际化、综合性的“江海生态城、国际创业园”，使其成为苏新合作的又一成功典范和长三角最具竞争潜力的新的经济增长极，成为长三角经济圈一个体制创新的示范区、科技发展的先导区、先进产业的集聚区和现代化的新城区。苏通科技产业园区位如图 7–11 所示。

图 7–10　苏通科技产业园规划效果图

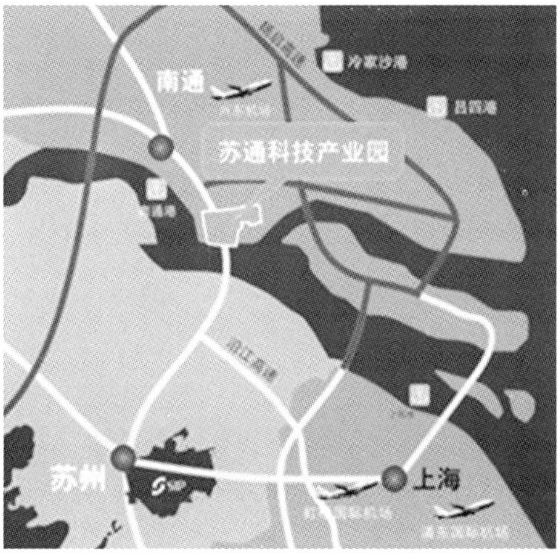

图 7–11　苏通科技产业园区位

截至 2013 年，苏通科技产业园已经全面建成首期城市功能配套，二期基础设施建设稳步推进，累计入驻企业 335 家，注册资本共计约 248 亿元。

2. 苏滁现代产业园

苏滁现代产业园是中新集团走出江苏省的第一个项目，同时它也是安徽省新型城镇化建设的一个“新探索”。苏滁现代产业园区域夜景效果如图 7–12 所示。

在 2011 年 11 月长三角地区主要领导座谈会上，皖苏两省领导人共同协调推进苏滁现代产业园项目。滁州处于长三角大区域，符合国家大的战略——皖江城市带承接产业转移示范区，也符合城市群概念——处在南京经济圈，此外，高铁沿线、政府高效、人口基数、文化底蕴——醉翁亭、小岗村等也是促

图 7-12　苏滁现代产业园区域夜景效果图

成中新和滁州合作的因素。

经过 20 年的发展，中新集团逐渐形成了自己的核心能力，梳理归纳为五种能力：一是产业运作能力；二是规划能力；三是建设能力；四是软件输出能力；五是 20 年经验教训所积累的纠错能力。苏滁现代产业园的建设凸显了中新集团最核心的能力——规划：一是多规融合，包括土地利用规划、城市总体规划、专项规划等，中新集团不是简单地复制苏州园区的经验，而是依据“产弱补产，城弱补城”的原则，滁州是一个现代化的新城，它要解决的是就近城镇化的问题，是一个城市的发展，需要解决承接产业转移的问题，因此滁州需要补的是产。中新集团董事长赵志松提到，“我们要做的是一个产城一体、产城融合的新城镇”。二是认真、严谨，中新集团与合作的规划院都交叉办公，对规划先后九易其稿，力求每一点都做得很好。三是绿色生态，建设生态河道、保护古树名木。绿色、生态的规划不仅仅注重古树和本地树种的选取、保护，而且还要避免“零和博弈”。中新集团的专项规划甚至细致到对绿化所用的树苗也有规定，只能用苗圃木，而不能移植山林树木，避免挖东墙补西墙式的“零和博弈”，甚至是“负和博弈”。苏滁现代产业园区位如图7-13 所示。

苏滁现代产业园被安徽省评价为“安徽有史以来最好的规划方案”，首期 5 平方公里道路、河道基本建成，主干道绿化已经完工，形象初现；安置房、标准厂房、蓝白领公寓等配套同步建设。主导产业定位为健康产业、电子信息及通信产业、新能源及新材料产业。截至 2013 年，累计引进项目 31 个，总投资 170 亿元，已成为高新产业聚集区和现代化商务新城区、安徽省承接产业转移的示范

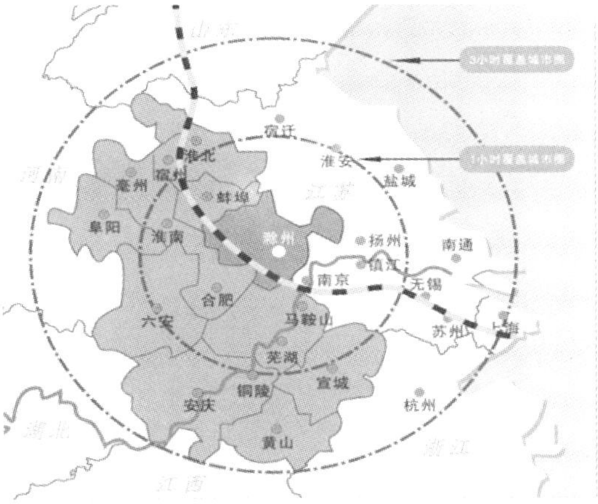

图 7-13　苏滁现代产业园区位

区、滁州市新兴的经济文化中心、安徽开发区的标杆，中西部就近城镇化的典范和苏州工业园区“走出去”的典范。

二、城镇升级改造

1. 常熟海虞镇项目

2013 年 6 月 9 日上午，苏州工业园区、中新集团、常熟市人民政府、国家开发银行苏州分行共同签署《“政府政策支持、中新规划引领、开行融资推动”共同助推海虞创建全国新型城镇化示范的合作开发意向书》，将通过中新规划引领，开行融资推动，全力助推常熟新型城镇化建设，创建全国新型城镇化示范。常熟海虞镇升级改造效果如图 7-14 所示。

图 7-14　常熟海虞镇升级改造效果图

此次合作开发新型城镇化项目，将按镇级小城市定位，重点开发规划面积约1.66平方公里的海虞镇中心镇区，完善相关配套，满足今后小城市的发展需求，力争成为全国新型城镇化建设的示范点。海虞镇区位如图7–15所示。

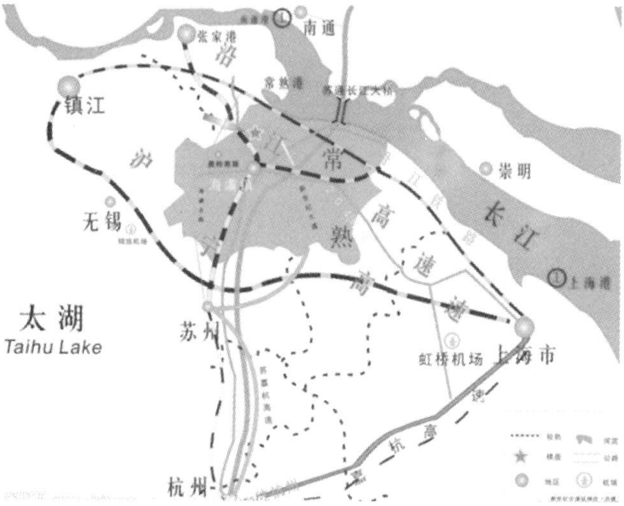

图7–15　海虞镇区位图

中新海虞（常熟）新城镇开发有限公司是海虞新型城镇化项目的开发主体，由中新集团、常熟市海虞镇资产经营投资公司和常熟市海虞镇王市农村经济发展投资有限公司三方共同组建。中新集团以新型城镇化建设为目标，负责对合作开发区域内的地块进行整体规划，将海虞镇建设为规模适度、功能完整、环境优美、适宜居住的常熟市北部现代化新型小城市，探索一条新型城镇化建设的新路子。

项目规划凸显了“六个新”的设计理念：

新标准：采用新加坡及苏州工业园成熟的规划体系标准，从道路断面、绿化配置、地块划分、技术指标等多方面进行深化细化研究，实现新标准的“以人为本”。

新体验：通过完善的慢行体系、便捷的路网系统、可达性良好的邻里绿地，打造20个尺度宜人的亲水社区，实现层次丰富的居住体验。

新环境：建设带状公园、中央公园、邻里绿地以及5000米长的公共滨水绿带，通过四级景观体系的建设，营造休闲生态的景观空间，创造花园般的公共环境。

新形象：在区域范围内运用多种建筑方案的组合，重点沿人民路打造新镇界面，通过城市综合体的建设和丰富的建筑形式，形成特色鲜明的海虞形象。

新文化：建筑形式主要采用新江南风格，避免“千城一面”，在此基础上进一步提炼海虞传统文化元素，把文化融入建筑风格、绿化景观、街景小品之中，使传统文化和新型城镇化共生共融。

新技术：通过新技术的运用，使智慧社区、智慧医疗、智慧交通等在海虞得到实践和尝试，提升居民的生活品质。

此次海虞镇新型城镇化项目创新性地引进“农民股份，共享开发红利”。作为公司股东之一的常熟市海虞镇王市农村经济发展投资有限公司是王市片区村民持股公司，注册资金 2800 万元，由海虞镇王市片区的村委会联合投资成立。创新引入村级经济持股措施，让老百姓成为股东之一，能够在未来开发过程中共同受益，享受到经济社会和城乡一体化发展的成果。

此外，项目还计划将部分收益作为中新海虞新型城镇化发展基金，通过教育、医疗等各种形式反哺城乡居民，共享发展红利。

园区经验“走出去”，助推海虞创建全国新型城镇化示范可谓强强联手。常熟是国务院发展研究中心确定的首个城乡一体化综合配套改革固定调研联系点。海虞镇经济基础更加雄厚，产业特色更加鲜明，又被苏州市确定为城乡一体化发展综合配套改革试点工作 23 个先导区之一。中新集团计划用 6~7 年打造出一个环境优美、产业发达、宜居宜业、和谐发展的新型小城镇示范项目。

中新集团董事长赵志松表示，海虞新型城镇化建设中将把环境优美、生态宜居等放在最重要的地位，其目的就是通过点点滴滴的参与和感触让老百姓的幸福指数得到提升。中新集团在规划过程中结合小桥流水、粉墙黛瓦，延续门洞花窗、片墙、雕刻等元素，凸显“新江南”风格，对古建筑、古树名木、历史遗存采取切实可行的保护措施，并且注重人的可参与性，营造“以人为本，家在园林中”的新型城镇。如果说园区是一个现代化、国际化、园林化的现代新城的话，那么海虞镇也将会是现代化、国际化、园林化的新型城镇。

2. 张家港乐余镇项目

2013 年 10 月中新乐余新型城镇化项目签约。该项目旨在借鉴苏州工业园区开发建设的成功经验，引进先进的开发理念和管理机制，对乐余镇现有规划、招商体系进行整体提升。依托第二产业为抓手，重塑城市客厅形象，强化公共设施配套，美化扶海新农村，推进城乡一体化，打造第一、二、三产业协调发展的新型城镇化示范区（见图 7–16）。

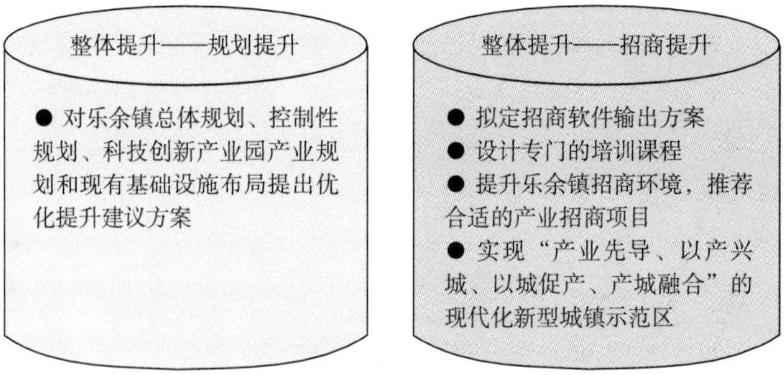

图 7–16　乐余镇规划、招商体系整体提升

张家港乐余镇位于张家港市东北部，距离市区 22 公里。东靠上海，南接苏州，西邻无锡，北依黄金水道长江，处于上海、苏州、无锡、常州、南通等长三角城市“1 小时交通圈”内。

片区打造——扶海村美丽村庄

秉承“因地制宜、传承文化、提升产业、整治风貌、完善配套”的改造原则，挖掘当地传统文化，在尊重村庄原有空间格局和建筑风貌的基础上，融入江南水乡元素，发展现代农业、休闲农业、养殖业，培育乡村生态旅游业，完善村庄商业、文化、体育、休闲等公共服务设施；完善道路、水系景观系统布局及市政设施（见图 7–17）。

图 7–17　扶海村规划对比图

片区打造——城市客厅

城市客厅项目总用地面积约 270 亩，其位于镇区核心位置，主要用于商住开发，整个项目商业建筑延续老街民国风格，凸显现代简约江南水乡的建筑风格，打造高端商住核心区（见图 7-18）。

图 7-18　城市客厅规划效果图

片区打造——环境改造

通过合理规划，改造区域基础设施，整治镇区风貌，提升镇区形象（见图 7-19）。

图 7-19　城市环境改造效果图

第四节　中新集团未来规划——领军中国新型城镇化

《国家规划》明确提出，要“以体制机制创新为保障，通过改革释放城镇化发展潜力，走以人为本、四化同步、优化布局、生态文明、文化传承的中国特色新型城镇化道路，促进经济转型升级和社会和谐进步”。在《国家规划》出台之前，中新集团就曾把对新型城镇化的理解概括为十六个字，即“交通便捷、产业发达、环境优美、社会和谐”。中新集团董事长赵志松认为，中新集团通过 20 年的实践经验总结出的这十六字方针，与国家现在推行的新型城镇化内涵高度契合。“当初苏州工业园区是作为现代化的城市来定位的，到今天，它实际上已成为新型城镇化的一个样板，而这一切又恰恰都是通过市场化运作取得成功的，这完全符合十八大和十八届三中全会的要求——市场在资源配置中起决定性作用。”

“未来，中新集团的新型城镇化建设项目不求多也不求快，但产品与模式要足够丰富，要成为各种要素的集合者，并且实现建设的标准化。目前主要考虑在长三角地区发展，其他地区则主要采取软件输出的模式，由中新集团输出规划理念、招商规则、建设标准等。对于中新模式的复制移植，并不是所有地方都要做成一模一样的模板，而是要因地制宜，强调个性和可识别性。”中新集团董事长赵志松在谈到未来中新集团的发展时提到。例如，南通与滁州项目是集团布局**产城一体、产城融合**的大型综合项目，而海虞项目则是新型城镇化项目的开始。

对于中新集团超前的产品、理念与发展模式，中新集团成竹在胸，集团将以新型城镇化建设为主业发展方向，深深根植于苏州，立足长三角，放眼全国，逐渐向外拓展，进行新型城镇化项目的布局。同时搭建战略合作平台，不断提升对医疗、教育、商住等核心资源要素的品牌聚集效应，全力打造成为中国新型城镇化领军企业。

第八章　天房集团城镇化实践研究

——以人为本 开创“三区联动”新模式

为了加快推进新型城镇化建设步伐，各地方政府在大力发展区域经济，把培育特色优势产业作为发展新型城镇化重要支撑的同时，更要进一步加快基础设施建设步伐，全面提高城镇化建设的公共服务水平，要在发展新型城镇化的过程中，注重地域特色、传统文化与新型城镇化建设的融合，处理好眼前和长远、局部和全局及历史和现在的关系。天房集团作为国有大型房企，多年来一直致力于城市开发建设，多次承建市政府重点工程，特别是在城镇化建设方面，为天津乃至全国做出突出贡献，起到了强有力的表率作用。

第一节　不懈探索，有益尝试，开辟“三区联动”新模式

天房集团成立于 1981 年，是天津市首家国有房地产开发企业。经过 30 多年的发展壮大，集团开发建设或参与投资了一大批覆盖全市的民心工程和重点工程，并不断拓展环渤海及其他重点沿海地区精品项目，近几年来企业规模及主要经济指标实现历史性突破。目前，天房集团已发展成为土地开发、房地产开发和基础设施投资三大产业并举，现代物流、不动产经营、科技开发、物业管理和酒店管理竞相发展的综合性大型企业集团。

在企业快速发展的同时，天房集团坚持按照党中央、国务院和天津市委、市政府关于统筹城乡发展、提高城镇化建设质量的决策部署，高标准、高水平地推进新型城镇化项目开发建设。自 2005 年起，集团率先参与天津市相关区县的土地一级开发，投资建设了港东新城、宝坻新城、团泊新城、静海新城等一批重大

项目，在新型城镇化建设方面进行了不懈探索和有益尝试。在各项目实践过程中，天房集团开辟出全新的“三区联动”开发模式，以宜居、宜业为目标，统筹协调，整合资源，为提升当地百姓生活水平、改善城乡面貌、增创就业岗位做出了积极贡献，为缩小城乡差距、建设社会主义新农村、实现城乡一体化注入了不竭动力（见图 8-1）。

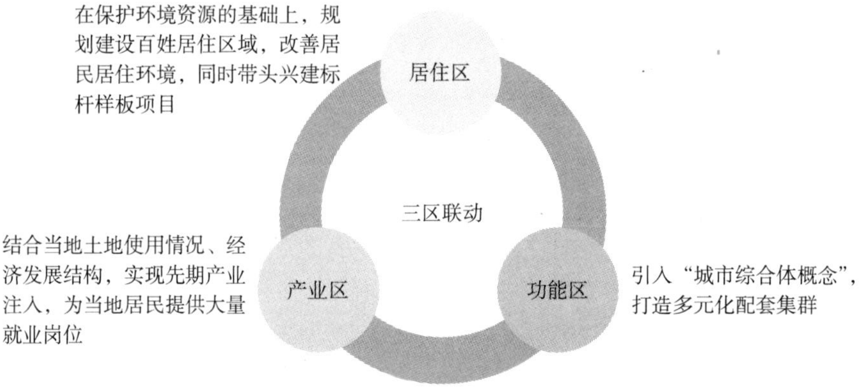

图 8-1　天房集团“三区联动”模式

所谓“三区联动”是以居住区、产业区、功能区为核心的联动开发模式。

居住区——坚持以保障和改善民生为根本出发点，在保护环境资源的基础上，规划建设百姓居住区域，改善居民居住环境。

产业区——坚持以科技进步和产业创新为重要支撑，结合当地土地使用情况、经济发展结构，实现先期产业注入，为当地居民提供大量就业岗位。

功能区——坚持以改善生产、生活方式为重要着力点，引入“城市综合体概念”，打造多元化配套集群，提升城镇形象。

“三区联动”开发模式的优势在于能够使区域的居住、就业、环境多层次同步发展，加速区域成熟，有效避免“空城、死城”的出现。同时，可以将产业链条延伸，形成多业态共同发展的局面，构建多元化发展格局，降低企业经营风险，形成企业土地一级开发业务的核心竞争力。

第二节　宜居宜业产城结合，城市管理水平有效提升

城镇化建设是一个全面的、系统的、复杂的工程，涉及户籍管理、劳动就

业、社会保障、子女入学、土地流转、生态环境等多个方面，天房集团在城镇化建设过程中，积极推进人口聚居、产业、科技文化教育、生态环境、基础设施、政府服务等的全面协调发展，使城市管理实现网格化、信息化、智能化，整体提高了城镇化区域的城市管理水平及服务效率。

一、科学设计，高起点规划标准

天房集团在城镇化建设中，始终抱着对城镇发展负责、对历史负责、对百姓负责的态度，进一步解放思想、更新观念、提高质量，采取策划先行、严格实施的方式，引领新型城镇化持续发展。为做好前期规划，天房集团聘请专业的策划团队为项目量身打造，进行规划设计，优化布局，调整结构，形成完整的规划体系和较高的规划质量，使各项规划指标更加合理。

1. 完整的规划体系——宝坻新城

（1）确立城镇规划理念。在城镇化规划中，天房集团立足当前、着眼未来，突出规划的前瞻性，确立可持续发展的理念；同时，围绕优化空间发展布局、综合利用土地资源和推动经济社会协调发展，确立统筹兼顾的理念；企业充分考虑人与自然、生态环境的和谐共生、历史文化与现代文明的融合，确立和谐发展的理念。

（2）优化顶层设计。天房集团着眼构建覆盖城乡的新型城镇化体系，按照未来新型城镇化发展的总体走向和现实需要，在规划中突出顶层设计，着重推动区域可持续发展，科学制定和完善城镇化总体发展规划，明晰中心城市、县城、小城镇和新型农村社区建设定位和发展目标，引领新型城镇化实现高品位、高层次发展方向。

（3）同步编制和完善专项规划。天房集团依据新型城镇化总体发展规划和中心城区发展规划，制定城镇化建设和旧城改造详细规划；并制定完善的与城镇建设相配套的产业发展、社会事业发展等专项规划。在规划中，集团注重新型城镇化建设规划与经济社会发展总体规划、土地综合利用规划的衔接，形成完善的规划体系。

宝坻新城是宝坻区政治、文化、经济中心，在宝坻新城开发建设中天房集团主要承担土地整理和海滨街城中村改造工作。在规划中，天房集团重点突出了区域历史、地域文化特色，以提升和拓展现有产业为基础，加快发展商贸物流、现代制造业，以建设成天津北部城镇发展带中部的重要节点和现代化新城为目标。

通过全面提高园林绿化、灯光夜景、水系打造、街景立面等方面的建设和改造标准，着力推进城区河道和潮白新河城区段综合治理，大力改善城市环境面貌；同时，与区政府协商共进，将具备条件的行政单位迁移到行政新区，聚集商业网点，打造特色商业街区，实施幸福渠带状公园、商务休闲广场等工程，增加居民休闲休憩场所，提升新城载体功能。新城建成后，将辐射吸引周边乡镇人口聚集，到2015年宝坻新城人口规模预计达到20万人。

在宝坻新城的用地结构专项规划中，天房集团将新城土地结构规划为“两轴、三区、多中心”的结构。两轴：一条为沿南关大街的城市商业景观轴；另一条为沿建设路东西向的新城发展轴。商业景观轴集中布置商业、商务、文化娱乐等现代服务功能，是集合了城市商贸中心、历史风貌、休闲景观的综合轴线，是现代化新宝坻形象的集中展示轴；新城发展轴两侧以都市生活景观为特色，是新城东西方向重要发展轴线。三区：结合新城发展的历史脉络，依托现状空间骨架的基础，新城从北向南划分为北部协调发展区、中部改造发展区、南部重点发展区三个分区，分别以保护老城风貌、协调区域建设，加强商业功能、增强区域活力，加强滨河生态宜居新区建设为发展主旨。多中心：各分区形成相对独立的中心，整个新城形成包括北部商贸中心、中部商业中心和南部新区中心的多中心格局，另外结合东部火车站和西部商业区形成新城东西两个区域次中心。

2. 高品质的规划——港东新城

对于城镇化建设，除了注重完整的规划体系外，天房集团更加注重规划品质，注重长远、体现特色、打造亮点是天房集团城镇化项目规划的重要特色。对城镇路网、园林绿化、公共服务设施等规划，集团以适应经济社会快速发展的需要为着眼点，既照顾眼前，更立足长远，坚持高起点规划，确保城镇发展在未来10年、20年甚至更长时期的不落后。集团结合区域文化、人文、地域风貌、经济特色等元素，在规划中彰显城镇化建设的个性，提升城镇建设的内涵，在全面提升规划标准的同时，注重标志性地带、标志性景观、标志性建筑的规划，力争打造城市建设的亮点。

港东新城是天房集团首个参与的城镇化项目。集团坚持以规划为先导，以服务大港石化基地为目标，按照成为区域教育、文化、行政中心的定位要求，突出以人为本、人与自然和谐共生的理念，全面体现生态、科技、人文和活力等诸多要素，充分依托周边能源、石化产业发展，将港东新城打造成为集研发、金融、物流、商业等功能于一体的、辐射大港乃至整个滨海新区的现代化新城区。

天津市第九次党代会后，天津市委、市政府把抓滨海新区龙头带动、中心城区全面提升和区县发展作为工作重点，特别把新城建设作为区县发展的亮点工程。天房集团作为大型国有房企，积极投身城市建设，先后与政府合作开发了港东新城、团泊新城、宝坻新城、海南三亚龙海风情小镇等新型城镇化项目，各项目均按照城镇化标准，坚持高起点规划，高水平开发建设，形成具备产业支撑、环境支撑、文化支撑的现代化城市规模。

二、完善配套，提升城镇化建设水平

随着城镇化进程的加快，村镇环境逐渐转化为城市环境，农民成为市民，人口急剧增加，随之而来的教育、医疗、金融等民生需求不断增长，完善的配套设施成为提升城镇化建设水平的关键因素。天房集团在城镇化建设中体现了“以人为本”的精神理念，在示范镇建设的同时，积极投入道路、学校、医院、商业、文化体育产业等配套项目的建设和落实，切实解决百姓需要，引导农民增强知识、学习技能、提升经营能力和自身素质，使农民通过工作方式、生产方式、生活方式的改善，精神生活、整体素质的持续提升，更多地创造物质财富和精神财富，最终达到促进区域社会经济可持续发展，提升城镇化建设水平的效果。

作为较早进行城镇化建设的区域，港东新城通过天房集团多年的经营与投资，已完成 26 条道路建设，绿化面积 33 万平方米；建成了包括大港一中、法院、检察院、中小学及幼儿园、菜市场等公建配套建设，港东新天地大型城市综合体等商业项目也基本封顶；在建的溪谷公园工程，作为港东新城城市“绿肺”，目前正在紧张施工当中，预计于 2014 年底前即可开园，以满足城区内居民休闲、娱乐的基本日常需要。目前，港东新城在百姓居住、生活配套等方面均已具备城市功能，随着区域发展逐步成熟，其投资开发潜力大幅提升。

团泊新城建设分为东、西两个区域，团泊新城西区涵括天津市健康产业园区、体育功能区和生态居住社区，以 2013 年东亚运动会为契机，以建设天津中医药大学、国际医学城、天津体育学院和体育训练基地为核心，打造面向区域和国际的中西医教学科研中心、医疗康复基地、体育健身基地，形成了集教育、科研、医疗、体育、运动康复以及旅游购物等配套服务于一体可持续发展的互动式产业链条。团泊新城东区规划面积 62.5 平方公里，天房集团依托东区优越的地理位置和丰富的地下温泉资源，通过集中发展温泉度假、文化休闲、旅游观光、设施农业以及高档住宅等产业，形成了以休闲旅游为核心的价值区域。截至 2010 年末，团泊新城共实施项目 46 个，包括基础设施项目 25 个、产业项目 21

个，累计完成投资63亿元。其中，津汕联络线、津王路等14个基础设施项目，团泊湖温泉酒店、团泊湖庭院等8个产业项目相继竣工，为示范镇居民的入住创造了良好的生活条件，2013年团泊示范镇全部居民回迁完成。

在宝坻新城开发建设中，天房集团主要承担土地整理和海滨街城中村改造工作。学府新区是宝坻城区的教育中心，土地整理面积2平方公里，集团牢牢把握机遇，紧跟京津冀、环渤海一体化发展的步伐，努力建设高品质商业和住宅区，将项目打造成为以教育产业为基础，融合商务、休闲等功能的生态社区，投资额4.3亿元。海滨街城中村改造是目前宝坻城区涉及范围最广、投资规模最大的城中村改造项目，拆迁面积达64.6万平方米，需建设回迁房66万平方米，总投资53.8亿元。天房集团通过对老城区的拆迁改造，有效提升了宝坻北部城区的城市面貌，改善了基础设施配套水平。集团还结合当地实际，在该区域核心地段筹备开发大型商业综合体项目，积极引进商业、商务、酒店、娱乐等业态，并借力中关村科技园的进驻和开发，努力营造繁荣繁华的浓厚氛围。

三、坚持“三区联动”，做强城镇支撑产业

天房集团始终坚持“三区联动”开发模式，全面推进城镇化建设的创新实践，按照“生活在居住区，工作在产业区，消费在功能区”的发展思路，促使居住区、产业区、功能区彼此联动、资源循环、相辅相成，全面促进城乡一体化发展。

团泊新城位于天津市静海县，规划面积210平方公里。在团泊示范镇开发建设中，天房集团在规划布局、建设模式、空间衔接上坚持高起点、高标准，在建设回迁房以保障当地百姓安居的基础上，充分结合当地生态和文化资源优势，同步打造产业区和功能区。企业以示范镇建设为切入点，通过团泊示范镇的开发建设，解决了整个团泊东区团泊镇内8个村近9000户村民的居住问题；同时，为解决当地百姓的民生需要，集团还建设了团泊镇行政办公楼、文化活动中心、学校、医院等公建配套设施，并重点打造了占地面积4500亩的光合谷生态文化产业园。光合谷生态文化产业园是集湿地公园区、温泉酒店区、青年文化区和设施农业区等多种新兴形态于一体的大型文化休闲产业园区，整体突出文化旅游、温泉度假、会议培训、有机农业体验等主题和功能，其中部分项目已建成北方独具特色的“高端温泉养生度假酒店”、“生态湿地公园”、“有机农业示范基地”、“专业主题拓展基地”。光合谷生态文化产业园的建成，形成了以产业项目带动新

城开发建设的利好局面，各产业间支撑力强、发展链条丰富，通过发挥其产业集群优势互补的效应，有力拉动了区域的人流、物流、信息流、资金流，提升了新城整体发展水平。光合谷生态文化产业园建成开业后，年客流量突破 50 万人次，全面提升了区域市场竞争力，较大程度地带动了当地经济发展，丰富了天津市的旅游资源，同时为当地居民提供了 1000 余个就业岗位，为当地政府增加了可观税收。

在城镇化建设中，天房集团始终坚持以人为核心，通过“三区联动”开发模式，充分满足居民的生活、工作、休闲等全方位、多层次需求，在为区域注入活力与生机的同时，实现当地经济社会的可持续发展，有效提升了区域城市管理水平。

第三节　创新思路，增强城镇化建设活力

多年来，在城镇化建设实践中，天房集团取得了显著的成就，集团不断总结经验教训、创新思维，开拓出一条具有“天房”特色的城镇化建设发展之路。

一、综合利用可再生能源，为示范镇建设提供先进的科技保障

在城镇化建设中，天房集团积极研究和应用节能环保建筑技术，在保证提升农民居住环境的同时，力求降低农民生活成本。采用水源热泵技术配合地热打井供热方式，实现供暖零排放；使用土壤源热泵机组实现了社区夏季供冷，冬季供热；充分利用太阳能资源，不仅应用了太阳能路灯，而且还采用了技术成熟的太阳能热水供应系统。多项节能环保技术的综合应用，充分展现了天房集团在建筑行业中的领先性、创新性和突破性。

二、充分尊重农民意愿，为示范镇建设提供有力的民生保障

依据天津市新农村建设政策，天房集团在团泊示范镇项目采取拆旧村与建新镇相挂钩、土地资金和建设资金相平衡的方式，以科学发展观指导、建设和实施，高度重视村民民主参与，广泛征求群众意见，充分做到公开、公平、公正。

在示范镇“拆旧还新”的过程中，根据“宅基地换房”办法，农民自愿以其宅基地，按照规定的置换标准选定其满意的户型，在选房签订率达到了100%之后，企业再根据户型比例进行回迁房的规划建设。

在宝坻新城的村民回迁中，天房集团主动与拆迁村民互动沟通，由村民自主选举村民代表，对天房集团建设的回迁社区进行建设进度及建筑质量的时时监督。较大程度地降低了村民对企业和政府的质疑情绪，通过村民代表这一桥梁，建立起政府、企业和百姓的良好信任，对区域内旧城改造项目起到了良好的促动作用。

在三亚龙海风情小镇的建设中，天房集团提前开放回迁房样板间，主动征询居民意见、建议，根据百姓对户型、开间、层高、院子大小等多种需求，对房屋结构进行合理优化，力争最大化满足百姓需求。

三、内外兼修，为示范镇建设提供新的亮点

为了使农民住上“放心房”，天房集团在回迁住宅的规划设计上多采取精装修标准进行建设，内外墙、楼地面、门窗、厨房卫生洁具等材料均选用高质量、高性能产品，切实保证了农民回迁住房的质量和安全，有力推进了回迁住宅产业现代化的进程。

在三亚龙海风情小镇项目中，天房集团结合当地旅游资源，在以政府规定的建筑户型为模型的基础上，建筑外立面采取仿明清风格的徽派建筑形式，大量使用中式建筑符号。内、外部装饰材料以木材、涂料和玻璃为主，通过立面灰白颜色的对比、开窗的韵律变化、构架的穿插、建筑入口的强调，体现出住宅楼的清晰、简洁的中式民居的建筑风格，吸引了大量当地居民和观光游客。

四、以产业兴镇，为示范镇建设提供可持续发展动力

建设之初，团泊示范镇共有村民约8200人，据统计约2000人无固定收入来源。天房集团着力发展社区商贸业和服务业，并在示范镇周边配备团泊农业示范园、动物园、光合氧吧、酒店等相关产业，在集约利用土地的情况下，解决了当地1000余人的就业安置需求。通过农业产业化、农村城镇化，对当地农民居住条件和就业水平进行改善，明显缩小了城乡差距，为示范镇建设提供可持续发展动力。

五、建立四级监管体制，为示范镇建设提供健全的质量安全保障体系

为了高质量、零事故完成项目建设，天房集团建立了施工过程四级监管体制，由代建公司、监理公司共同负责现场两级质量管理，质量监督部门定期巡查，业主单位不定期检查，形成四级质量安全监管体制，严把质量和安全关，通过对每个分部、分项工程的严格把控，确保工程创优。

第四节　坚持低碳环保理念，建造绿色节能建筑

目前，我国的能耗结构中，与建筑业有关的资源消耗占全国资源利用总量的40%~50%，能源消耗占全国能源消耗量约30%。相关研究表明，在木结构、轻钢结构、钢筋混凝土结构三种结构建筑中，钢筋混凝土结构建筑生命周期的能源消耗量和二氧化碳排放量最高。我国近年来的建筑结构大多以高能耗、高排放的钢筋混凝土结构为主，而且当前我国正处在城镇化高速发展期，建筑能耗占社会能耗的比重快速增长，因此，大力推广低碳、绿色、节能建筑，将成为我国建筑行业发展主流趋势。

天房集团坚持低碳环保埋念，多次与天津大学、天津工业大学、中国建筑科学研究院等多家高校及研究院所合作寻求技术支持，取得了良好的实践效果，为低碳环保理念起到了良好的示范性作用。

一、地热能梯级综合利用供热技术

以地热流体作为住宅的供暖热源，利用板式换热器及调峰等手段充分利用地热流体，降低地热流体回灌温度，同时配合地板采暖，降低热量损耗。设计两对地热井同时使用，通过板式换热器后尾水温度取38℃，采用热泵设备进一步提取地热流体热量，地热回灌温度为10℃。地热水经过一、二级利用后，完全可以满足普通住房的热负荷需求。以团泊示范镇为例，与传统燃煤供暖方案相比，天房集团采用的“地热能梯级综合利用供热技术”初投资比传统方案“传统燃煤

锅炉房集中供热”年节约运行费用200万元，年节约能源2685.1吨标准煤。同时，地热能梯级综合利用供热技术大规模（32.1万平方米）应用于住宅小区，有效实现了节能减排的目的，技术成熟，可复制性强，示范意义显著。

二、土壤能太阳能综合利用技术

为保证团泊示范镇项目中5.6万平方米配套公建冬季供热、夏季制冷，同时为了满足生活热水的供给需求，天房集团设计了土壤源热泵供热制冷系统，并在系统中设置一台供热量为52kW的小型涡旋热泵热水机组，用于为配套公建冬季供给部分生活热水，同时平衡土壤温度。根据总冷热负荷并考虑到建筑功能，空调主机选用地源热泵机组GSHP420Ⅱ型2台，每台机组能量调节范围25%~100%，可根据末端负荷自行调节，从而达到更高的节能效果。换热器采用100m垂直双U同程系统，换热器间距5m，材料采用高强度、高硬度的聚乙烯（HDPE）管，可以保证使用50年以上。由于夏季排热量大，按照满足夏季供冷需求进行地埋管系统设计。该项目采用的“土壤能太阳能综合利用技术”，初投资比传统方案“普通电制冷+城市热网”年节约运行费用20万元，年节约能源46.2吨标准煤。土壤能供热制冷技术是目前节能效果最好、环境影响最小的新型供暖方式，该技术应用于公建设施可实现夏季制冷、冬季供暖，达到节能减排的目的。

三、大面积利用太阳能资源

在示范镇建设中，天房集团不但在部分道路照明系统中应用了大功率LED太阳能路灯，住宅也大量采用了技术成熟的太阳能热水供应系统。综合国内外先进的太阳能电池板及照明技术，省去了配电柜及路灯之间的配线工序，通过自动控制节能，在满足不同时段照明要求的情况下降低了功率，实现了最大限度的节省电能。经计算每盏灯每年节约电能为900度，每盏灯每年可节约用煤0.315吨，减少排放的二氧化碳为0.9吨/年。在太阳能热水利用方面，以每一户为单位安装热水系统，便于后期运行管理和收费结算，解决了常规能源消耗过大的问题，创建了节能生活不可或缺的热水工程技术解决方案。

四、雨污水收集回用技术

团泊示范镇部分公建项目大胆尝试雨水利用技术，通过调节池、中水池、雨水池等组成雨水利用系统，将建筑屋面雨水收集起来结合建筑周围景观特点设计一套运营费用低、管理便利的雨水利用系统，经处理后的雨水用于浇灌花草树木、清洁道路。通过此技术，年可节约用水量 1000 吨，年运行费用将节约 0.3 元/平方米。项目区还建有全地下式污水处理站，采用先进的 CASS 工艺对污水进行技术处理，最终水质可用于改善景观河道及绿化灌溉。

五、搭建智能电网

智能电网的搭建为团泊示范镇的回迁居民提供了更为可靠的电力供应，构建了用户和电力公司之间的实时交互、反馈平台，保障了双方利益。另外，天房集团还将为团泊示范镇建立电动汽车充电站，便于电动汽车充电，体现循环低碳的理念。

在示范镇建设中，天房集团综合利用地热能梯级综合利用供热技术、土壤能太阳能综合利用技术、雨污水收集回用技术、搭建智能电网等低碳、环保、节能技术，使得每个家庭平均每年可减少 1350 元的生活开支，在保证提升农民居住环境的同时，有效降低了农民的生活成本。通过有效减少能源消耗，良好控制百姓生活成本，团泊示范镇建设被评为建设部可再生能源示范项目（全国 150 个项目中规模排名第十），天津市绿色住宅示范项目，2008 年、2009 年天津建委绿色建筑示范工程，2008 年天津经委绿色建筑示范工程。

2005 年至今，天房集团先后主导了天津市港东新城、宝坻新城、团泊新城三个城镇化项目的开发建设，并将“三区联动”开发模式灵活运用、成功复制，根据海南三亚市的区域价值、特色优势，结合当地历史文化和生态环境，成功开发三亚龙海风情小镇项目。2013 年，天房集团凭借丰富的开发经验、技术优势、信誉优势、资金优势以及资源优势，再次与天津静海县人民政府携手，合作开发静海新城北海区项目。通过近十年的城镇化建设，天房集团有效推动了区域社会经济发展，按照居住区、功能区、产业区“三区联动”的地产开发模式，以人为本、因地制宜、科学布局，不断加大对城镇化项目的投资力度，为实现城乡统筹发展注入了不竭动力。

2014年，天房集团与天津市房地产信托集团有限公司进行整合重组，并更名为天津房地产集团有限公司（以下简称“房地产集团”）。未来，重组后的房地产集团将加大新型城镇化项目投资建设力度，发挥“排头兵”作用，在推进绿色建筑中发挥引领作用，在建设美丽天津中发挥主体作用。集团将以商品房的实施标准加强城镇化项目精细化、过程化管理，灵活运用“三区联动”开发模式，进一步实现社会效益、经济效益和生态效益的统筹并举，为构筑城乡一体化发展新格局、推动新型城镇化建设做出更大贡献，充分发挥国有企业在国计民生领域的关键作用。

第九章　正大新生活集团城镇化实践案例

——遵循健康人居理念，定义城市新生活

正大新生活集团，是新时期的正大集团为了契合新型城镇化发展而创立的全资子公司，由世界侨商投资企业协会会长、正大集团董事长谢国民亲自担任董事长。正大新生活集团积极探索更健康的城镇化生活，将国际上最新的“城市综合体”概念引入中国，致力于低碳环保、生态文明、和谐宜居、时尚健康的社区典范建设，主产品“正大城”包括现代化购物休闲中心、高档办公楼、国际管理水准的酒店、高品质住宅社区、文化体育等设施，涵盖购物、休闲、时尚、娱乐、文化、商务等功能。随着浙江乐清正大城项目实践的展开，正大新生活集团正式踏上“重塑中国城市新中心，定义城市新生活”的新型城镇化征程。

第一节　扎根中国30多载，深受国民信任和尊重

正大新生活集团的母公司——正大集团，于1921年在泰国曼谷成立，是一家有着近百年历史的知名跨国企业，业务遍及全球27个国家和地区，员工总人数超过30万人，有10多家公司在纽约、伦敦、中国香港、泰国等世界主要资本市场上市。正大集团是改革开放后第一家来华投资的外商独资企业，扎根中华大地辛勤耕耘30多载，大力推进多元化产业发展，积极参与社会公益事业，深受国家和民众的信任和尊重。

一、最早进驻中国投资，产业发展根基深厚

正大集团是改革开放后最早进驻中国投资的外商独资企业。1979 年，中国对外开放大门乍启，对故土有着浓厚情结的华裔企业家谢国民在深圳投资 1500 万美元兴办了正大康地有限公司，主营业务是现代化饲料和家禽养殖，取得了深圳第 001 号中外合资企业营业执照。

此后，正大集团先后在吉林长春、上海松江、山东青岛等地组建相关公司，成为中国第一家从种禽、饲料、养殖到屠宰、肉食品加工的特大型一条龙农牧企业，并继续向种子改良、食品销售以及进出口贸易等产业链条两端拓展，逐步掌握生产终端，构建独立的中间渠道，建立起消费终端市场，打造了一条从农田到餐桌的一条龙服务产业链。

在壮大农牧业这一优势产业和主导产业的同时，正大集团还积极涉足其他行业，如电信、石化、房地产、医药、零售、金融、机械、传媒等领域，铸就了正大饲料、正大食品、正大肉鸡、正大鸭业、正大种籽、易初莲花（卜蜂莲花）、大阳摩托、正大摩托、正大制药、正大综艺、正大广场、正信银行等诸多具有广泛知名度的企业、品牌和产品。截至 2014 年，正大集团在中国总投资已超过 150 亿美元，下属企业近 300 家，业务遍及除西藏、青海以外的所有省市，年销售额超过 800 亿元人民币，吸纳就业 10 万人以上。正大集团一向被认作是“到中国投资最早、项目最多、效益最好的外资企业之一”。

二、领军商业地产开发，正大广场“一战成名”

正大集团是中国早期商业房地产开发的领军企业。20 世纪 90 年代初，正大集团与上海陆家嘴集团成立合资企业——上海富都世界有限公司，核心业务是进行小陆家嘴区域内土地的一级开发。作为小陆家嘴的“地主”，富都世界曾引进花旗银行、香格里拉等重量级项目，为浦东的招商引资做出了巨大贡献，有力地推动了区域的城镇化进程。后来，随着陆家嘴地区开发东扩，这个前期以“地主”身份出现的富都世界也逐渐淡出了人们的视野，但正大集团与政府合作开发的模式一直沿用至今。

在参与一级土地开发的同时，1992 年，正大集团投资 4.5 亿美元按照国际标准建造了集购物、餐饮、休闲、娱乐于一体的正大广场。正大广场是陆家嘴地区

唯一一座大型综合性商场，是当时亚洲最大的单体 Mall，于 2002 年正式对外营业，后来成为继上海新天地之后运作最成功的商业地产项目之一，出租率高达 99%，每天人流量近 10 万人，提供就业岗位 8000 多个，是华东地区最大的一站式购物中心。

继正大广场一战成名之后，正大集团陆续研发了正大乐城、正大生活馆、卜蜂莲花超市、正大中森食博汇、正大生鲜超市、包罗万香烘焙店等适合不同类型城市的多样化、全品类商业业态。后来，随着城镇化进程的加快，正大集团又将打造城市生活中心作为企业谋划布局的重要方向，先后在北京、上海、青岛、西安、郑州等地建设了若干高品质的城市综合体，旨在为人们带来最为先进、最为国际化的人居体验，力求能够让居民的生活与世界同步（见图 9-1）。

图 9-1　正大集团在中国建设的典型综合体项目

三、积极参与公益事业，企业拥有良好口碑

在大力推进实业发展和领衔商业地产开发的同时，正大集团不忘参与社会公益事业。1990 年，正大集团与中央电视台合作开办《正大综艺》节目，在为千家万户带来欢乐的同时，也拓宽了国人的视野，开创了中国电视综艺节目全新的模式。作为赞助者，正大集团在节目中没有广告，没有企业名称，以至于很多人不知道《正大综艺》是哪家企业赞助的。多年后，正大集团高层表示，开办这个节目的初衷，不是为了做广告，而是想给国人以了解世界、开阔眼界的窗口。

除无私参与《正大综艺》外，每逢灾难降临，正大集团都会积极伸出援手。2003 年“非典”期间，正大集团向中国政府捐赠人民币 1000 万元；2008 年初冰雪灾害，谢国民先生所领导的中国侨商会捐款 1.6 亿元，正大集团也慷慨捐赠 200 万元，几个月后汶川发生特大地震，正大集团先后捐赠人民币 3000 余万元；2013 年雅安地震，正大集团为地震灾区捐款人民币 2000 万元。此外，正大集团还捐资用于野生动物保护，多次捐助国内各大学和其他教育研究机构等。

从 1979 年入驻中国至今，正大集团为中国社会公益事业累计捐款金额超过 5 亿元人民币。单从经济利益的角度来讲，正大集团也许失去的比较多，但为企业赢得了良好的口碑。在国家商务部跨国公司研究中心和《中国外资》杂志社组织的专家和社会公众评选活动中，正大集团曾被评为“最具中国心的跨国公司”。正大集团董事长谢国民曾担任中国香港回归祖国筹备委员会委员，目前还在担任世界侨商投资企业协会会长等多种社会职务，多次受到党和国家领导人的亲切接见。

第二节　整合正大多元产业，投身中国新型城镇化

30 多年来，正大集团在中国的各项事业蒸蒸日上，发展成就有目共睹。进入 21 世纪第二个十年，随着新型城镇化大幕的拉开，正大集团给予密切关注，积极响应国家新时期发展要求，决定调整在华业务布局，通过整合自身多元产业和开发经验，专门成立正大新生活集团，以更有效地承接新型城镇化带来的需求，从而在新型城镇化进程中开拓更大的发展空间。

一、响应国家新型城镇化，正大新生活集团应运而生

改革开放 30 多年来，伴随着经济的高速增长，我国城镇化进程突飞猛进。1978~2013 年，我国城镇化率由 17.9%跃升至 53.7%，城市人口由 1.7 亿人增加到 7.3 亿人，城市数量从 193 个增加到 658 个。

然而，在光鲜数字的背后，却是城镇化的不健康发展，突出表现在两个方面：一方面是土地的城镇化和人口的城镇化严重脱节，导致大量移居城市的外来人口在城市里找不到归属感；另一方面是大、中、小城市发展严重失衡，大城市深受交通拥堵、环境恶化、空气污染等“城市病”的困扰，而广大中小城市又多面临基础配套薄弱、发展动力不足等各种制约。

新一届中央政府提出新型城镇化战略，把城市群作为主体形态，促进大、中、小城市和小城镇合理分工、功能互补、协同发展，注重质量和内涵的提升，要求城市建设由“外延式扩张”转向“内聚式发展”，坚持走集约、智能、绿色、

低碳的新型城镇化道路。这无疑是解决之前城镇化过程中存在问题的一剂良方。

作为一项战略性、系统性工程，新型城镇化的推进不能没有企业这一重要角色的参与。面对历史机遇和时代使命，正大集团顺势而为，应时而动，主动调整在中国的业务布局，大力整合商业地产、金融、零售业、电信业等自身掌握的多元产业资源和开发经验，专门成立正大新生活集团，并由谢国民先生亲自担任董事长，积极、全力投身于中国的新型城镇化建设。

二、立足长三角，面向全中国，注重与城市一起成长

在正大新生活集团领导层看来，一个城市不是为了城镇化而城镇化，一个城市的市中心需要什么配套、需要多大规模的配套，以及医院、超市、学校、体育、娱乐等各种设施怎么配比对居民来说才是幸福美满的，是一门很大的学问，值得认真、深入研究。

新型城镇化推进的关键在于产业发展能够提供足够多的就业机会，即通过发挥产业集聚效应，吸纳大量农民进城务工就业并逐渐使农民向市民转化。正大新生活集团自身虽不直接从事产业开发，无法提供上规模的就业岗位，但集团领导非常重视产城一体化发展。正大新生活集团 CEO 胡方辉指出，“我们会优先选择产业发展较好、经济实力较强的城市来布局。在这样的城市，我们的项目建在哪里，哪里就是市中心”。这一着眼点看似平淡无奇，其实极具深谋远虑。中国房地产进入城镇化时代，房地产发展必须与区域经济共进退。城镇化本质是解决农民问题，要解决农民在房地产价值链中的权利，房地产开发应进入“住宅+产业地产综合体”模式，没有产业建设，农民无法向市民转化，要避免陷入“只见空城，不见人烟”的窘境。

在深入分析中国各类城市 GDP、人口、人均可支配收入等指标现状的基础上，正大新生活集团不再只把目光投向一线大城市，而是立足长三角，面向全中国 1000 多个符合相关条件的中小城市乃至小城镇，通过提供城市配套、完善城市功能、提升城市形象、凸显区域价值、促进城乡就业、贡献财政收入以及吸引优秀人才到当地安家落户等，为城市的可持续发展提供动力，并最终实现与城市的一起成长。

正大新生活集团深谙中国国情，在地产领域积累深厚，对商业理解深刻，同时又具有国际视野和资金实力，有意愿也有能力为广大中小城市打造幸福美满的市中心，让中小城市居民不用再背井离乡就能充分享受和大城市一样的种种便

利，甚至更为优越。

三、坚持健康人居理念，力促城市生活和生态环境和谐

在传统城镇化的粗放发展过程中，资源分配不公、住宅土地规划不合理、城市环境污染、居民健康受损等一系列负面问题愈演愈烈，人们生活受到了很大的影响，民众对于绿色、生态城镇发展的呼声越来越高，新型城镇化迫切需要走出一条符合人们健康需求的发展之路。

新型城镇化的核心是人的城镇化，本质上要求由偏重城市物质形态的扩张向满足人的需求、促进人的全面发展转变，由偏重大城市布局向大、中、小城市和小城镇均衡协调发展转变。在新型城镇化背景下，如果不能走出一条与自然和谐，同时又是城乡共荣的发展道路，那么新型城镇化的前景同样是不光明的。

基于此，正大新生活集团倡导坚持以健康人居为核心的建设理念，在产品的设计中，注重让自然环境与城市高度发达的现代文明环境相互渗透，使城市生活和生态环境达到高度和谐的境界，让人们既能享受到都市文明带来的进步和体验，又能拥有生态健康的生活空间。

四、致力打造“标杆性”城市综合体，精心设计主产品——正大城

正大新生活集团是为了契合城镇化发展而创立的房地产板块的新业务线。秉承“利国、利民、利企业”的发展理念，正大新生活集团将国际上最新的“城市综合体”概念引入中国，开展商业地产、住宅、酒店、写字楼、购物中心、游乐场以及与其相配套的各类服务设施的开发与运营，致力于低碳环保、生态文明、和谐宜居、时尚健康的社区典范建设。

遵循以健康人居为核心的理念，正大新生活集团致力于打造“标杆性”城市综合体，精心设计和策划的主产品——正大城（见图 9-2），包括现代化购物休闲中心、高档办公楼、国际管理水准的酒店、高品质社区、文化体育等设施，涵盖购物、休闲、时尚、娱乐、文化、商务等功能，是集团面向新型城镇化谋求突破发展而迈出的第一步，为市民提供餐饮、居住、停车、游玩、购物、娱乐、文教、体育、商务、旅行等一站式服务，旨在“重塑中国城市新中心，定义城市新生活”，为新型城镇化建设贡献力量。

图 9-2 正大城项目效果示意

第三节 正大城落地乐清，引领新型城镇化建设潮流

2013 年 1 月 15 日，正大新生活集团 CEO 胡方辉和浙江省乐清市人民政府就建设正大城项目签订框架性协议。该项目位居乐清市中心城区位置，濒临甬台温高速出入口，占地面积约 636 亩，项目总投资约 100 亿元。协议的签署标志着正大新生活集团精心打造的正大城项目在浙江乐清率先落地。

一、正大新生活将乐清作为项目布局首站

乐清位于浙江省东南部，产业基础雄厚，区域经济发达，已形成一个城镇群。以市政府所在地乐成镇为中心，全市分布着 16 个经省政府批准的对外开放重点卫星镇，这些卫星镇分布合理，建设颇具规模，其中柳市、乐成、虹桥、北白象四地的经济综合实力跻身温州“十强”镇、中国“百强”镇行列。柳市低压电器、虹桥电子元器件专业市场分别被称为“中国电器之都”和“电子元器件基地”。此外，乐清还拥有其他诸多城市名片，这些名片大多都与卫星镇产业发达有关。

尽管经济实力强大，产业发展强劲，但多年来乐清一直面临基础设施建设滞后、服务配套供应不足的短板，迫切需要将城市建设提升到一个足够高的层次。

由此，位于乐成中心城区入城口的城市综合体项目被乐清市政府确立为重大招商引资项目，一直寻求与有国际影响力的大企业合作，以高起点规划、高标准建设和高水准运营。

正大新生活的业务布局考虑和乐清的基础条件、发展需求高度吻合，双方一拍即合。2012 年以来，正大新生活先后多次前往乐清现场考察对接。2013 年 8 月 8 日，正大新生活顺利完成乐清中心城区城市综合体项目的土地招拍挂；2013 年 12 月 13 日，正大新生活为投资乐清正大城市综合体项目开发而设立的正大新生活商业开发有限公司和正大新生活房地产开发有限公司经过严格的国家级外资审核，成功通过商务部企业备案，获取外资投资国内商业房地产资格。至此，乐清正式成为正大新生活正大城项目布局的阵地，而且是首站。

二、遵循健康人居理念，将全新城镇化模式引入乐清

对于乐清这座位列中国经济前沿的县级市以及项目布局的首站，正大新生活致力于打造中国首个集健康、可持续发展于一体的生态之城。为将健康人居理念真正落地，正大新生活凭借母公司——正大集团的国际影响力特别邀请了来自哈佛大学公共卫生学院、设计研究生院的安·福赛思、杰克·斯宾格勒等资深教授担任规划顾问，通过深刻洞察中国社会变化，以更宽广的系统性视角为乐清乃至中国定做全新的健康型城镇化发展模式（见图 9–3）。

图 9–3　正大新生活集团董事长谢国民和哈佛大学教授一起探讨健康人居问题

哈佛大学公共卫生学院（HSPH）和设计研究生院（GSD）在利用多学科研究成果方面有着广博的专业知识，可指导建筑、行政区、城市、大都市、政策及项目等多个跨领域的设计工作，具体包括室内外环境、能耗效能、制造清洁能源、环境可持续性、可持续性制造、精神健康与幸福研究、社会人类学、可步行性与主动运输、视频系统与健康营养学、流行病学、健康影响评估、城乡社会认同、医院与卫生设施设计、水与化粪池设计、零排放、零污染、零垃圾社区设计等。

正大新生活集团联合哈佛大学、香港大学、清华大学、北京大学等学术机构以及乐清市政府成立战略规划工作小组，积极研究中外诸多“健康城市”案例，深入调研乐清城市格局，洞察当地居民生活状态和习惯，基于实际打造接轨国际的 2.0 版本中国生态城镇化建设模式。在项目中将有望全面实现人车分流，最大限度规避人车拥堵造成的安全问题，并规划打造风雨连廊，人性化实现防晒与防雨等多重作用。这一全新的思路和模式，受到了政府、媒体、房地产行业以及广大市民的大力支持和广泛关注，正大城项目究竟能够为城镇化建设带来怎样的深刻变化，大家都在拭目以待。

三、乐清正大城，将引领新型城镇化建设潮流

乐清正大城整个项目分两期开发，其中一期占地面积 306 亩，总投资额 100 亿元，总建筑面积 68 万平方米，集大型商业、休闲步行街、高端商务平台、精品酒店、高品质住宅、新型专业市场、健康养生和文化娱乐于一体。项目立足大乐清，辐射甬台温，建成后将成为温台地区最大的城市综合体，预计每年可创造税收超过 1 亿元人民币，直接创造就业岗位 7000 个左右，间接创造就业岗位 2 万个以上。乐清正大城项目区位如图 9-4 所示。

乐清正大城商业项目以“一站式、家庭化、目的性、全天候休闲娱乐购物文化中心”为战略定位，涵盖多功能剧场、多功能巨幕电影院、新一代超市、儿童运动拓展中心等诸多创新业态。在业态比例分配上，生活和娱乐类将分别占到 20%和 12%，服饰和餐饮类将分别占到 27%和 32%，儿童类占到 9%（见图 9-5）。

正大新生活集团对自己的定位不仅是开发商、造房子，而是志在以比肩世界的手笔、高端的硬件设施、顶级的业态构成以及前瞻性的运营理念，擘画“生活、工作、娱乐”紧密结合的新一代综合体样板，将来自持经营的商业 Mall 建

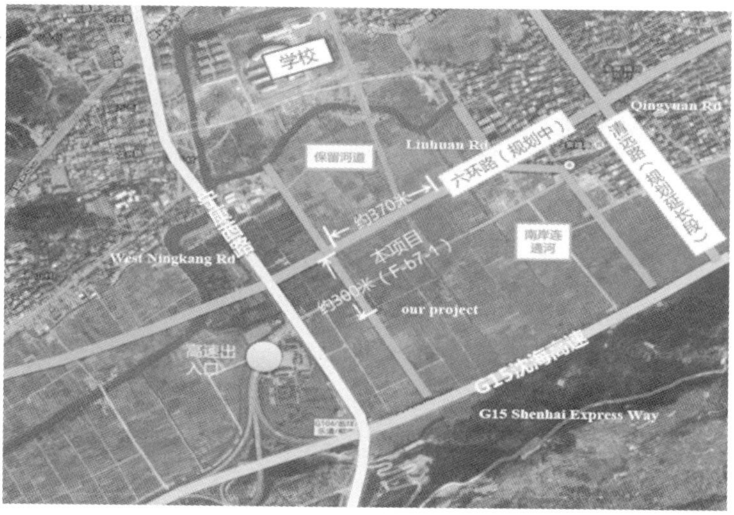

图 9-4 乐清正大城项目区位图

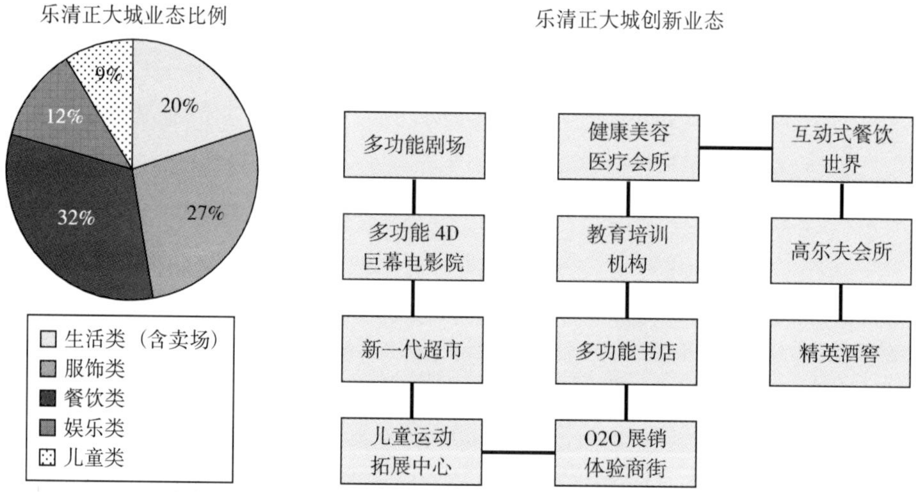

图 9-5 乐清正大城业态比例及创新业态

筑面积将超过 14 万平方米，规模超过温州在建的诸多商业项目（见图 9-6）。作为乐清规模空前、金额最大的招商引资项目，乐清市委、市政府也高度重视，要求各部门以第一人称的姿态，以更新的理念、更高的规划、更强的团队、更快的速度、更优的服务，为推进项目建设营造良好的投资环境。

作为正大新生活集团的新型城镇化建设版图的第一站，乐清正大城未来将提供绿色生活模式的范本，为乐清及周边居民带来更多的健康、娱乐方式，增强城市的亲近感和幸福感，生活在这里的居民出门就可以“一站式”享受吃、住、玩、娱、购等全方位需求。这种范本会将乐清新型城镇化建设推向更为科学的道

图 9-6　浙江乐清正大城项目效果图

路，从而迈向长三角地区国际生活“新高地”，同时还有望引领新型城镇化建设潮流，助力中国乃至世界创造更健康、更宜居的城市环境。

第十章　国外城镇化发展经验

他山之石，可以攻玉。目前，我国的城镇化正处于快速发展阶段，城镇化率也已超过 50%，但是与发达国家相比还存在一定的差距。虽然由于经济社会发展水平、区位特点、资源禀赋和环境基础不同，各国城镇化的发展特点和历程不尽相同，但是各国均在其城镇化的建设中积累了宝贵的经验。研究、借鉴发达国家的经验，对促进我国城镇化健康、有序、可持续发展具有重要意义。

第一节　美国城镇化发展经验

美国是世界上城镇化水平较高的国家之一，基本达到城乡一体化、农村城镇化。早在 19 世纪，美国便开始了农业社会向城市社会的转变，工业化的启动和产业的发展促进了其城市规模扩张和空间结构的调整，仅用了大约一个世纪的时间，美国便从一个农业国发展成为一个拥有巨大城市网络的国家。美国城镇化的发展经验对我国有较大的借鉴意义。

一、美国城镇化发展历程

美国城镇化过程大致可以分为三个阶段：

1. 萌芽阶段（1830 年前）

1609 年开始的欧洲移民涌入推动了美国早期城市的出现，这些以殖民地为目的的城市数量少、规模小，且以港口城市为主，如成立于 1625 年的纽约、成立于 1630 年的波士顿等。城市功能包括出口原料、进口制成品，主要与欧洲国家尤其是英国进行贸易。随着港口城市贸易的日益繁荣，其辐射作用逐渐增强，原材料的来源地与工业产品的销售地逐渐向西部内陆地区扩张。1825 年，伊利运河通过哈得孙河（Hudson River）将纽约和五大湖地区连接起来，推动了布法罗（Buffalo）和其他小城镇的产生。1790~1830 年，40 年间美国人口从不到 400 万人增加至 1300 万人。1830 年，美国 2500 人以上的城市达到 90 个，城市人口比例约为 8%，美国的城市体系完成了其萌芽过程。

2. 充分发展阶段（1830~1920 年）

受工业革命的影响，19 世纪中期美国的工业化迅速发展，制造业转移至机械化大工厂，大量新移民的流入为工业化发展提供了源源不断的劳动力。工业化带动了城镇化的发展，而交通网络的发展使城镇化的地域范围进一步扩大。运河和铁路建设将中西部和东北部更紧密地联系在一起，中西部发展成为美国经济的第二中心。随着工业经济的日渐成熟，在五大湖周围的东北部和中西部形成了制造业带，进一步加速了城镇化的进程。第一次世界大战爆发时，美国已经形成了较为完善的城市结构，分布市中心的高楼大厦承载金融、零售、法律等产业，居住区则向外发展，城市沿交通线扩张，呈多极化发展。1830~1920 年，是美国城镇化发展的关键时期，在大约一个世纪的时间里，美国的城镇化有了质的飞跃，1920 年城市人口比例达到 51.2%。

3. 高度发展阶段（1920 年至今）

1920 年以后，美国的城镇化进入高度发展阶段，突出特征为郊区化，各大都市圈和城市连绵地带逐渐形成。1920 年以后，随着汽车的逐渐普及，传统概念中的时空距离被大大缩短，不少城市居民迁往郊区居住。随着交通运输技术的进一步发展，郊区充足的土地、低廉的地价和税收吸引了不少厂商，使工业区位向郊区转移，郊区商业也开始发展，郊区由较为单纯的居住区逐渐变为具备各种城市功能的区域。此外，美国政府推动的州际公路计划和住房补贴政策亦成为郊区化的有效推动力。郊区化缩小了城乡差别，缓解了中心城市人口密集、交通拥挤、环境污染等问题，促进了城市空间结构的再调整。随着郊区化的深入，各都市区相互连接成为巨型的城市带，代表性的如以纽约为核心的东北城市带、以洛杉矶为核心的南加州城市带等。

二、美国城镇化发展启示

1. 注重产业支撑

产业支撑是城镇化发展的关键，没有产业支撑，城镇化发展将无从谈起。在城镇化的发展过程中，美国非常重视产业的升级换代和配套服务业的发展，棉纺织业、钢铁业、汽车业、飞机制造业、高新技术产业、信息产业相继成为城镇化发展的动力。工业化的初期，工业发展的聚集效应直接带动了城镇化的发展；工业化的中期，工业产业结构的升级继续推动城镇化发展；而在工业化的后期，第三产业逐渐取代工业成为城镇化的核心动力。20 世纪 50 年代，美国的工业化率开始下降，但在第三产业的支撑下，美国的城镇化率仍持续上升。据统计，截至 20 世纪末期，美国服务业的就业比重几乎达到制造业就业比重的 3 倍，有效保障了城镇化的持续、健康发展。目前，我国的产业结构不尽合理，第一产业聚集大量劳动力，且劳动生产率较低，第二产业吸收劳动力的增速有限，第三产业发展滞后，无法大量吸纳剩余劳动力，对城镇化的动力作用还未完全释放。

2. 充分发挥都市带的作用

1920 年以来，大都市区一直在美国的城市发展中占主导地位，郊区化的发展使一些都市区连绵成片发展成为都市带，都市带能够提高城市间的分工协助水平、产生巨大的集聚经济效益，在美国的城镇化过程中扮演了重要的角色。美国著名的三大都市带 BosWash、ChiPitts 和 SanSan 贡献的 GDP 总额占全美国的七成以上，且各自特色鲜明。BosWash 都市带是以纽约为中心的美国东北部大西洋沿岸都市带，以服务业和高新产业为主；ChiPitts 都市带是中西部环绕五大湖地区的都市带，是美国的制造业中心和重工业带；SanSan 都市带是西海岸以旧金山和洛杉矶两大都市体为主的都市带，以航空航天、石油冶炼和设备、食品加工、旅游等产业为支柱。目前，我国发展较为成熟的都市带包括长三角、珠三角和京津冀地区，还有一批正在培育发展的都市带，但都市带内部城市之间没有形成合理的分工协作、资源共享和规划统筹等，还需借鉴美国经验，进一步发挥都市带对经济的带动作用。

3. 郊区发展的政策支持

郊区化是美国城镇化后期发展的一个显著特征，政府政策对其发展起了有力的推动作用。政府通过推动州际高速公路和农村基础设施建设，有效地缩小了城乡基础硬件差异，同时出台了有利于郊区发展的住房政策，如抵押贷款保险政策、抵押贷款利息支付的联邦税收抵扣政策、减少定金和延长贷款偿付期限的政策等，鼓励居民在郊区购房。通过郊区化发展美国实现了城乡融合，并由此形成了大都市区和连绵都市带。当郊区化发展迅速，中心城市出现了一定程度的衰退时，中央政府以及地方政府又采取有力政策，转变中心城市职能使其逐步走向复兴。随着我国城镇化的进一步发展，一些大城市或发达地区的郊区地位将越来越重要，应借鉴美国经验通过政策鼓励郊区发展，有效疏散中心城市人口，构建合理的多中心城市空间结构；同时提高中心城市的现代化功能，引导城市向合理的方向发展。

三、美国 BosWash 都市带

大都市连绵带是美国城镇化发展后期的显著特征，人口、经济和文化的高度集中，使都市带成为美国经济发展的重要支撑。位于美国东北部大西洋沿岸的 BosWash 都市带是美国最大的都市带，也是世界上发育最完善的都市带之一，发展最早也最典型。

1. BosWash 的形成与发展

BosWash 都市带以纽约为中心，南起华盛顿特区，中经纽黑文、纽瓦克、费城、巴尔的摩，北至波士顿，横跨 10 个州，用波士顿（Boston）和华盛顿（Washington D.C.）两大都市区名称的首字母组合命名而成，非常形象。这个跨州际的大型都市带的形成不是一蹴而就的，而是经过长时间的演化。1870 年前，在工业化带动下的城镇化发展，涌现了大量城市。但总体而言，这一时期的城市规模都不大，众多中小城市分布较为松散，城市间的联系也较为薄弱。1870~1920 年间，随着产业结构的变化和铁路网络的发展，城市规模加速扩张，区域城镇化水平迅速提升，以纽约和费城为中心的区域城市体系得以形成。1920~1950 年，进入工业化的后期，城市规模继续扩张，郊区化的发展使大都市区的辐射范围不断扩大，逐渐形成了都市带的雏形。1950 年以后，信息科技迅猛发展，产业结构不断升级换代，都市区空间横向蔓延，并沿着发展轴紧密相连，波士顿、纽约、费城和华盛顿四大都市与周围的中小城市连成一片，形成了一个人口和经济活动高度密集的大都市连绵带。

2. BosWash 的构成

BosWash 都市带中的各城市虽均有其特色鲜明和独具优势的产业部门，但彼此并不是孤立地存在，而是通过发挥自身的优势，形成了一个既有分工又密切联系的有机整体，如都市带中的纽约、费城、波士顿和华盛顿四大都市区的职能分工就较为明确。

纽约是 BosWash 都市带的核心城市，为这一地区提供着最多、最重要的服务。纽约不仅发挥着国际政治中心的职能，而且发挥着经济中心的职能。纽约的经济职能突出表现在金融、贸易和管理等方面，美国最大的股票及商品交易所设立在纽约，美国各投资及商业银行的总部也大多汇集于此，它们的动态成为世界金融、证券和外汇市场的风向标。波士顿的突出优势表现在高新技术产业和教育产业。作为生物技术、软件和通信设备等产业的重要集聚地，波士顿在高科技产业的产值规模和集中程度综合评价——高技术极点排名中，位列 BosWash 都市带首位，在全美亦名列前茅。同时，波士顿是历史文化名城，教育资源丰富，哈佛大学和麻省理工皆在该区。费城的经济结构较为多样化，主要产业包括制造业、制药业、健康服务业、交通服务业等。可以说，费城承担了 BosWash 都市带较多的生产性职能，是美国东海岸主要的炼油中心和钢铁、造船基地。此外，费城地理位置优越，是这一地区的交通枢纽，其港口是美国最繁忙的港口之一。华盛顿是美国的首都，是以政府行政职能为主的政治中心，以为行政和文化机构服务等为主，旅游业也比较发达。总之，BosWash 都市带各城市通过发挥各自优势、紧密协作，形成了有机的城市系统，在更大范围内实现了规模优势，提高了整体竞争力。

3. BosWash 的经验

在区域内形成合理的产业结构和分工格局，是 BosWash 都市带成功的重要因素。中心城市凭借其科技、资本和产业的优势，在产业结构调整中起着先导创新作用，并通过产业结构调整加大中心城市对周围地区的辐射作用。其有序的区域分工格局，从港口间的分工可见一斑，纽约港重点发展集装箱运输，费城港主要从事近海货运，巴尔的摩作为矿石、煤和谷物的转运港，而波士顿则是以转运地方产品为主的商港，同时兼有渔港的性质。通过合理分工，协同作用，整个地区的城市功能达到了“1+1>2”的聚合效应。BosWash 都市带内部城市间的紧密联系不仅体现在合理的产业分工方面，同时也体现并依托在发达的交通网络方面。例如，作为 BosWash 都市带最主要的交通干道“东北走廊”，使电气化的铁路网络从华盛顿特区一直延伸到波士顿。

第二节　英国城镇化发展经验

英国是工业革命的发源地，伴随工业革命，社会生产力大幅度提高，率先进入工业化、城镇化阶段。作为世界上第一个进行城镇化的国家，英国的城镇化发展开创了世界城镇化发展史上的多个“第一个”：第一个制定《城市规划法》以法律维护城镇化发展，第一个提出“田园城市”概念，第一个建立社会保障体系，第一个在城乡统筹发展的基础上实现郊区城镇化。鉴于此，对于其城镇化发展的研究具有重要的意义。

一、英国城镇化发展历程

英国的城镇化起步早，发展平稳，主要经历了三个阶段：

1. 工业革命前的城镇化发展初期阶段（18世纪中叶之前）

工业革命前，英国已经开始城镇化，但是发展较慢，处于城镇化的初期阶段。这个时期，农业革命和商业革命的发生在一定程度上推动了城镇化的发展，也为城镇化的大规模开展奠定了基础。其中，农业革命开始于17世纪，包括圈地运动、机械化劳动、良种培育等，农业革命使土地逐渐集中到地主手中，于是，农业生产的规模化、市场化和机械化大大提高了农业生产效率。由于失去土地的部分农民转化为工人，圈地运动输出了大量农业剩余劳动力，为工业革命和城镇化的大规模开展创造了条件。商业革命是英国城镇化的另一个重要前提，商业革命使英国资本主义经济加速发展，贸易范围进一步扩大，全国性的市场基本形成，商业资本家随之产生。贸易往来的日益密切，推动了人口向城市的迁移和流动，1760年，英国的城镇化率已由1700年的约2%上升到约10%。

2. 工业革命后的城镇化快速发展阶段（18世纪中叶至20世纪初）

英国于18世纪中叶率先开始工业革命，工业革命的发生为其城镇化带来了巨大的影响，一方面，工业革命的发生使英国的产业结构和就业结构实现双重优化。工业革命促使机械工厂代替手工工厂，英国开始由资本主义手工业阶段过渡到机械大工业阶段，产业结构也相应得到调整。工业化的发展，带动了工业矿区和工业城镇的发展，使其借助便利的交通迅速成长，并创造出大量的就业机会，于是，大量人口开始转移进城成为产业工人，就业结构得到优化调整。另一方面，城市的繁荣反过来带动了交通运输业、物流仓储、旅店等商贸服务业以及存贷款等信贷业务的发展。两方面的相互作用共同推动了英国城镇化的加速发展，至1850年，英国的城镇化率超过了50%，而当时整个世界城镇化水平仅为6.4%，1900年英国城市人口占总人口的比例达到75%，成为世界上第一个实现城镇化的国家。

3. 城镇化的完善阶段（20世纪以后）

20世纪以来，英国的城镇化速度明显放慢，城镇化率从1901年的77%上升到1990年的89.1%，耗时89年，年均提高0.13%，城镇化进入完善阶段。英国高速城镇化过程中产生的大量问题愈来愈引起政府的关注，如城市人口急剧膨胀、住房短缺、贫民窟密布、公共卫生设施匮乏、环境污染、犯罪率居高不下等。在这个阶段，英国政府通过完善城镇化法律法规，以立法形式推动城镇化健康可持续发展；同时，通过建立社会保障体系，降低城镇化社会成本，来优化城镇化发展进程。

二、英国城镇化发展启示

英国作为世界上第一个完成城镇化的国家，其城镇化道路基本上是成功的，经验多于教训。综合分析英国城镇化的发展经验，有以下三个方面可供借鉴：

1. 坚持城乡统筹发展

由于英国的城镇化发展是一个突发、激进的过程，城镇化初期缺乏城乡统筹发展的宏观战略指导，结果导致各种“城市病”出现，甚至出现过“逆城镇化”现象，阻碍了经济的发展。鉴于此，英国政府采取了一系列措施解决“城市病”、“逆城镇化”等问题，最具代表性的就是通过建立完善的城乡一体的规划体系，按照规划有序推进城乡统筹协调发展。此套规划体系由中央、地区和地方三级组成，强调中央集权、城乡统筹、公众参与、规划执行，确保乡村地区的发展机会；同时，通过规划立法，保障政府在城乡统筹发展中的宏观调控作用。新中国成立初期，我国经济发展实行计划经济，城乡间要素不能自由流动、城市居民和农村居民发展机会不平等、重工业轻农业，造成城乡分割严重。改革开放引入了市场经济，但是城乡差距依然很大，城乡矛盾严重阻碍了经济发展。为解决城镇化过程中城乡差距较大的问题，实现城乡协调发展，应结合我国国情制定城镇化发展战略，建立城乡规划体系，指导城乡协同发展。同时，应进一步完善城乡统筹发展法律法规，以法律的约束力和指引力，促进城镇化发展。

2. 注重低碳环保，走可持续发展道路

英国是工业革命的发源地，在其工业化与城镇化快速发展的情况下，环境污染问题伴随而生，为此，英国在城镇化发展过程中采取了一系列战略措施，逐渐形成了绿色发展理念。例如，政府将环保问题纳入到城市规划建设中统筹考虑；给予环保类企业一定的扶持和鼓励；合理规划城市空间布局，明确各分区功能，严格保护城市的河流、水面、绿地等；实施科学的交通规划，控制汽车尾气排放及噪声污染。在我国城镇化、工业化的加速发展中，曾出现企业废水、废气、废渣任意排放的情况，造成环境严重污染；同时，大量人口转移进城，给城市环境保护带来巨大压力。我国新型城镇化发展应摒弃“先污染后治理”的理念，将绿色、低碳发展理念上升到战略高度加以重视，科学合理规划城市功能区，赋予不同区域不同功能，使城市经济与生态保护同步发展；同时，对于污染类企业，应加强管理，落实责任，杜绝以环境换发展的现象。

3. 完善城镇化发展法律法规

英国早期的城镇化以“自由放任”为基本特征，缺乏政府引导和法律法规约束，导致大量社会问题出现。为了解决“自由放任”城镇化发展带来的各种问题，19 世纪中叶以来，英国政府颁布了一系列法律法规，如 1866 年通过了《环境保护法》，1909 年颁布了第一部涉及城市规划的法律《Housing, Town Planning etc.Act，1909》，1947 年发布了《城乡规划法》。我国在城镇化过程中也遇到了环境恶化、城乡分割等问题，可参考英国城镇化发展经验，着手从多个方面完善法律法规，促进城镇化发展。首先，为解决环境问题，政府应进一步制定更加具体翔实的环境保护法律法规，为城镇化过程中的环境保护提供法律保障。其次，目前我国城乡发展差距较大，城乡矛盾突出，虽针对城乡统筹发展颁布了《中华人民共和国城乡规划法》，但仍存在一定的功能性和制度性缺失，需进一步完善城乡规划法律法规，推进城乡统筹发展。只有在政府法律法规的约束下，才能保障城镇化健康发展，防止城镇化问题的滋生。

三、曼彻斯特的发展

曼彻斯特是英国的第三大城市，位于英格兰西北部都市群的中心，是英国的棉纺织业中心，重要的交通枢纽与金融、文化、商业中心，也是英国近代城镇化的典型城市之一。曼彻斯特是英国棉纺织业的发源地，其诞生了世界上最早的近代棉纺织大工业，揭开了工业革命的序幕。目前，曼彻斯特已由依赖制造业的传统工业城市转变为一座现代、动感的国际中心，其城市发展经历了两个重要的阶段。

1. 以制造业为主的传统工业兴起阶段

曼彻斯特历史悠久，16 世纪中叶就发展成为一个繁荣的纺织工业城市，但其工业的真正兴起是工业革命之后。1764 年，兰开郡纺织工哈格里夫斯发明了珍妮纺纱机，工业革命从纺织机器开始。18 世纪 80 年代，第一家棉纺织厂在曼彻斯特诞生。随着蒸汽机的发明，曼彻斯特进入了机器大工业时代，棉纺业迅速发展。到 1830 年，曼彻斯特的棉纺织厂已达 99 家。工业的迅速发展，促使大量人口集聚到城市，推动了城镇化的发展。1835 年，曼彻斯特聚集了 80%的英国纺织工业工人，1840 年增至 85%。与此同时，城市人口也迅速增加，由 1801 年的 7.5 万人增加到 1871 年的 35.1 万人，70 年增加了近 5 倍，城镇化发展速度可见一斑。

2. 城市全面转型阶段

20 世纪，受到世界经济衰退和第二次世界大战的影响，曼彻斯特的棉纺织业陷入严重衰退，工业经济开始式微，就业岗位锐减，大量人口失业外迁；同时，由于城市经济的衰退，大量土地被弃置，房地产市场也陷入停滞，城市经济面临转型的需求。曼彻斯特开始逐渐由工业经济向服务型经济转型，随着制造业就业机会的减少，服务业开始崛起，提供的就业岗位也越来越多，城市人口开始增多；同时，曼彻斯特不断创新经济发展方式，以金融服务业和商务服务业为先导，以创意产业为出发点，逐步发展成为英国西北地区的金融、商业、文化中心。

曼彻斯特的城镇化发展跌宕起伏，经历了“兴起—繁荣—衰退—重新振兴”等阶段，其发展经验也为我国城镇化发展提供了借鉴。第一，要注重基础设施的建设完善，不断创新产业。随着城镇化的深入发展，基础设施负重加大，需要不断更新基础设施以更好适应城镇化发展；同时要不断创新产业，增加产业活力和竞争力，推动经济发展，以经济拉动城镇化。第二，要关注教育，提高人才素质。人才在曼彻斯特的城镇化转型中发挥了巨大的作用，不仅弥补了经济转型中的人才缺口，而且满足了经济转型过程中对多样化人才的需求，从而顺利实现了经济转型。我国的城镇化发展到一定阶段也会面临产业结构转型的必要，要注重人才培养，以保障经济稳定可持续发展。第三，发挥政府职能，合理引导城市发展和产业结构调整。政府作为“看不见的手”，要发挥宏观调控和规划引导作用，避免城镇化过程中可能出现的问题，促使城镇化进程持续推进。

第三节　日本城镇化发展经验

“二战”之后，日本经过高速的经济成长阶段，一跃成为世界第二大经济强国，同时其城镇化也高速推进，仅用 50 年的时间走完了欧美国家百年的城镇化进程，在亚洲率先实现了国家城镇化。中国与日本的人均土地资源均较低，日本的城镇化发展经验对于处于快速城镇化的中国具有较强的借鉴意义。

一、日本城镇化发展历程

日本的城镇化始于明治维新，城市人口从 1898 年的 11.75%提高到 2005 年的 86.3%，其历程大致可以分为四个阶段：

1. 起始阶段（明治维新至 20 世纪 20 年代）

明治维新是日本近代城镇化的开端，明治政府在政治和经济上实施了一系列政策措施，以重塑日本经济社会，推动日本城镇化进程，诸如积极引进西方近代工业技术，并通过“殖产兴业”政策推动了一批示范工厂的建立，这些示范工厂也成为日本近代工业的雏形；改革身份制度，废除传统时代的“士、农、工、商”身份制度，改革土地制度，废除原有土地政策，许可土地买卖，实施新的地税政策，所有这些都促进了农村剩余劳动力向工业的转移。此外，明治政府大力发展和普及电话电信事业、营建覆盖全国的交通网络，使日本的电力工业迅速发展。随着工业化的发展和农村劳动力的解放，人口和经济活动逐步向城市区域聚集，到 1920 年，日本的城镇化率达到 18.04%。

2. 起飞阶段（20 世纪 20~50 年代）

明治维新和工业革命为日本的工业发展做好了积累，1920 年后，日本的工业发展进入新的阶段，劳动力不断向城市聚集，加快了城镇化进程。1937 年后，劳动力开始向重工业城市集中，逐渐形成了著名的四大工业带——京滨、中京、阪神和北九州工业带。据统计，1930~1940 年，日本城市人口年均增长 121 万人，至 1940 年，城镇化率达到 37%左右。“二战”爆发，中断了日本的城镇化进程，许多城市居民被迫返回农村居住，至 1945 年战争结束时，日本的城市人口急剧下降，直至 1950 年，日本的城镇化率依然停留在 38%左右。这一阶段工业化的快速发展推动了日本的城镇化，虽然受战争的影响，后期增长有所停滞，但为下一阶段的城镇化加速发展奠定了一定基础。

3. 加速阶段（20 世纪 50~70 年代）

“二战”后，日本充分利用内外部有利条件在国内进行了一系列的改革，推进了城市复兴工程。其中，对金融业的改革和发展为日本“战后”的城市建设与发展提供了资金支持；土地制度的改革促进了人口的流动。日本从 20 世纪 50 年代开始进入工业化快速发展阶段，1956~1973 年为其工业发展的黄金时期，18 年间工业生产增长了 8.6 倍，平均每年增长 13.6%。日本的经济也由此进入高速增长期，全国人口迅速向城市聚集，城镇化进入加速发展阶段。1960 年，日本的城镇化率达到 63.3%，1965 年为 67.2%，1970 年为 72.1%，1975 年接近 76%。这一阶段，伴随着信息化时代的到来以及科技日新月异的进步，日本诞生了一批新兴的工业城市。同时，城市与城市之间的联系更加紧密，都市圈逐渐形成并壮大，其中最著名的为东京、大阪、名古屋三大都市圈。

4. 成熟阶段（20 世纪 80 年代至今）

20 世纪 80 年代后，日本城镇化进入高速发展之后的缓慢发展阶段，城市人口渐趋饱和，城镇化已较为成熟。1980~2000 年，在石油和金融两大危机的冲击下，日本经济进入低增长阶段，迫使大量工业企业向城市周边或海外转移，致使城市对新增劳动力的吸纳能力减弱，2000 年城镇化率为 78.7%，仅比 20 年前提高了 2.5 个百分点。2000 年以后，在第三产业的发展和行政区域合并因素作用下，城镇化水平有了较大幅度的提升，2005 年达到 86.3%。总的来说，该阶段城镇化趋于成熟，郊区化和都市圈现象明显，城市建设中的土地、交通、环境等问题得到重视和解决。

二、日本城镇化发展启示

1. 制定科学、合理的城市规划

科学、合理的城市规划是城市发展的龙头。为了保障城镇化的健康发展，日本政府和地方政府都非常重视规划。全国层面，在城镇化的发展过程中，日本政府根据不断变化的形势，先后五次制定《全国综合开发计划》，以解决城镇化发展中的生产性问题。首次《全国综合开发计划》制定于 1962 年，分散了工业布局，制定了新产业城市和工业特区，以缩小地区间差异，促进地区间的均衡发展。1998 年出台了第五个《全国综合开发计划》，旨在解决少子高龄化问题对城镇化的影响。日本政府通过有效规划应对城镇化过程中各种问题的做法，值得我国政府参考和借鉴。地方层面，日本地方政府的城市规划根据城市自身定位，突出其特色和资源优势。京都定位于精神故乡，在城市改造过程中重视传统景观与城市现代化的协调统一。京都市 1972 年出台了《市街景观条例》，对建造物群保存地区（第一种美观地区）和传统美观保存地区（第二种美观地区）20 米以内的建筑限制了高度，因此在京都市中心既没有超高层的大楼，也没有城市高架道路。京都市政府的合理规划，使京都市的历史文化气息历久弥新。相比之下，我国不少城市的规划存在着贪大求洋、千篇一律的问题，一味追求建筑物的高耸与壮观。在此方面，我国各级地方政府确需借鉴日本经验，以使我们的城市有其自身的灵魂与特色。

2. 重视环境问题，走可持续发展道路

随着城镇化的推进，日本也出现了水污染、大气污染、生活垃圾污染等各种环境问题，在环境治理上，日本政府不仅采用科学技术，更通过环境领域的立法，有效地推动了依法治污的进程。1970 年，日本政府召开了环境问题的特别国会，修改并制定了 14 项与公害有关的法律、法规，史称“环保国会”，为日本解决环境污染问题、有效实施环境政策奠定了坚实的法律基础。1993 年，日本制定的《环境基本法》确立了新的环境政策方针，将城镇化过程中出现的环境问题全部纳入法律体系之中。20 世纪 90 年代，日本开始探索以节约资源、促进资源再利用为宗旨的环境保护措施，提出构建“循环型社会”的构想，2000 年制定了《循环型社会基本法》。由于我国城镇化基本上走的是一条外延扩张式发展道路，以高消耗、高排放、高扩张为基本特征，带来的环境污染问题十分严重，亟须在法律等多个层面上治理环境问题，以实现城镇化的可持续发展。

3. 大力发展城市公共交通

随着城镇化的不断推进，城市人口的剧增与城市规模的不断扩大，造成交通问题日益严重。日本政府通过大力发展城市公共交通，合理配置城市公共交通资源来应对不断加大的交通压力。例如，1950 年东京政府就制定了以发展区域公共轨道交通网络为主、地面公共交通为辅的城市公共交通发展目标。如今东京已形成了由 17 条国铁线、13 条私营铁路、区部地铁线构成的轨道交通主体网络和地面公交体系，90%以上的居民和上班族生活工作在轨道交通和地面公交系统 400 米的服务范围内，市民出行十分方便，极大地缓解了城市的交通压力。除了便利市民的出行外，发达的交通网络体系，将东京圈与日本其他地区紧密地联系在一起，促进了区域经济的蓬勃发展。在我国城镇化的过程中，大城市的交通拥堵问题十分严重，还需大力发展公共交通，特别是轨道交通，以缓解交通压力。

三、北九州——生态工业园区的典范

生态工业园区是依据循环经济理论和工业生态学理念设计并建立起来的一种新型工业组织形态。面对城镇化发展过程中环境和资源的制约，各国对生态工业园区表现出了浓厚的兴趣。国土面积小、资源贫乏的日本更是投入大量的人力、物力和财力积极研究、探索生态工业园区建设，其中的北九州是日本生态工业园区建设的典范。

1. 北九州的成功转型

北九州位于日本九州岛的最北端，面积为485平方公里，海岸线长220公里，地理条件优越，自然资源丰富。1901年，国营八幡制炼铁厂正式投入生产，随后在其周围涌现出了一批炼铁厂和化工厂，到20世纪50年代，北九州成为日本的四大工业地带之一，为日本的经济发展做出了巨大的贡献。然而，以重型工业为主的产业结构给北九州带来了严重的环境污染问题，大型工厂造成的严重大气污染使年降尘量创日本最高纪录，许多市民甚至患上哮喘病。1968年，北九州市被联合国列为环境危机的500座城市之一。面对日益严峻的环境形势，日本通过推动企业采取清洁生产与末端处理、完善公害防治条例，加强监控、处理生活垃圾等措施进行积极治理。1990年，北九州获得联合环境规划署颁发的“全球500佳”环境奖。1997年，北九州市正式提出了“三位一体”的环境产业战略，并将自身定位为“亚洲国际资源循环和环境工业基地城市”。通过将工业发展和环境保护有机结合，大力发展循环经济产业，北九州成功实现了城市产业的转型，从一个环境污染严重的城市转型为“零排放”的环境友好型城市。

2. 北九州生态工业园区的发展战略

1997年，北九州市正式提出“三位一体”的环境产业战略，以生态工业园为载体，将“教育·基础研究”、“技术·实证研究”和“产业化”有机结合，推动新技术的产业化转变，以带动全市的经济发展。“三位一体”的平台促进了企业与研究机构、政府之间的强有力合作，推动了基础研究、实践研究和商业化的有机统一。北九州的生态工业园区由“实证研究区”、“综合环境联合企业区”和“响滩再生资源加工区”三部分组成，各自分工明确，协同发展。实证研究区企业、行政部门和大学通过密切协作，联合进行废弃物处理技术、再生利用等新技术的研究，成为环境保护相关技术的研发基地；综合环境联合企业区，汇集了废旧产品再循环处理厂，如废旧家电再生厂、报废汽车再生厂、报废办公设备再生厂、建筑混合废物再生厂等，使该区成为资源循环基地；响滩再生资源加工区，包括汽车再生区域和新技术开发区域两部分，后者主要通过政策优惠吸引一些小型废弃物处理企业进入该区。通过对工业和生活废弃物的回收再利用和无害化处理，并以此为原料为园区提供电能和热能，北九州生态工业园区基本实现了“零排放”。

3. 北九州的经验

北九州以生态工业园区为载体，既实现了产业的转型，也实现了从“污染之都”到“环保之都”的跨越，为我们积累了有益的经验。第一，科学的规划和政府的扶持。规划上，1995 年，北九州制定了振兴“静脉产业”的具体目标，1997 年正式提出“三位一体”的环境产业战略；扶持上，政府对入驻园区的企业在土地、选址、建设项目立项等方面给予补助，如租赁土地的，在项目运行的第一年，可免除当年租金的一半。第二，“产、学、官”的联合支撑。由市政府、企业及大学联合成立的“北九州市环境产业推进会”是推进生态工业园区发展的核心机构，三者的凝聚效应有效保障了园区的有序发展。第三，大力开展环境教育和宣传。2001 年，北九州市政府设立了“北九州生态工业园中心”，用于介绍全市的环境产业及人才培训；2002 年，编写了中小学综合环境教育辅导教材。此外，政府还开展了“清洁城市活动”、“垃圾清捡大作战”等宣传活动。

第四节 韩国城镇化发展经验

韩国位于东北亚朝鲜半岛南部，是中国的近邻之一，是“亚洲四小龙”之一，也是世界上经济发展最快的国家之一。第二次世界大战之后，韩国经济飞速发展，城镇化也进入了迅猛发展阶段，取得了令人瞩目的成就。研究分析韩国城镇化发展历程，了解其城镇化发展的经验教训，可为我国的城镇化发展提供借鉴。

一、韩国城镇化发展历程

韩国城镇化发展主要经历了三个阶段：

1. 城镇化起步阶段（20 世纪 30~60 年代）

韩国的城镇化起步阶段主要是从 20 世纪 30~60 年代，此阶段整体特点是城镇化发展缓慢。根据城镇化发展的原因和特点，还可将此阶段分为两个阶段：第一个阶段是从 20 世纪 30 年代至 40 年代中期，此阶段韩国正处于日本的殖民统治下，因殖民政策变化，日本由剥夺农业转变为剥夺工业，促使韩国城镇化起步，城市人口比例逐步上升到 11.6%。第二个阶段是从 20 世纪 40 年代中期至 60 年代，这一时期城市人口的增长主要源于战争时期难民的迁移。1945 年日本正式投降，大量流落到中国、日本等国家的韩国人回国进入城市；随后朝鲜战争爆发，大批难民从朝鲜半岛中部或农村涌入城市，同时，战争期间韩国大量进口粮食，导致农业经济受到冲击而破产，农民弃地进城，城市人口大幅度增加，到1960年上升至28.3%。

2. 城镇化迅速发展阶段（20世纪60~90年代）

1960年以后，韩国进入城镇化的快速发展时期。这一时期，从利用外资发展的进口替代战略向出口导向战略转变的工业化进程开始启动，经济开发和工业化步伐加快；同时，韩国政府为增加输出，扩大了原有工厂的生产能力，生产需求大量增加导致农村人口大量流入城市转为生产工人。在随后的经济发展过程中，韩国政府不断根据国情调整产业结构，实现了由农业化向工业化、轻工业向重工业、劳动密集型向技术和知识密集型的转变，有效地促进了韩国经济的飞速发展，从而加速了韩国的城镇化进程，韩国城镇化水平由1960年的28.3%提高到1990年的70%以上，年均增长超过1个百分点，基本实现了城镇化。

3. 城镇化相对稳定阶段（20世纪90年代以后）

经过30多年的发展，韩国的城镇化取得了显著成就，至20世纪90年代末韩国城镇化率已超70%。随后，因农村地区人口进入老龄化阶段，人口输出能力下降；加上产业结构调整导致城市人口就业结构发生巨大变化，转移进城人口减少，韩国城镇化进入相对稳定阶段。在此阶段，韩国城市人口增速放缓，由之前的每年增加百万人左右下滑到45万人，2000年后降至35万人；在此阶段，城镇化发展的各项政策措施逐渐完善，城市基础设施建设相对比较完备，无论是城市经济还是城镇化率均实现稳定提高。2013年，韩国城市人口占总人口比率达到91.04%，实现高度城镇化。

二、韩国城镇化发展启示

韩国用短短30年实现了城镇化的高速发展，其城镇化过程中的经验教训值得借鉴，总体而言，韩国城镇化发展给我国城镇化发展带来的启示主要有以下四个方面：

1. 强化基础设施建设，缓解城镇化带来的基础设施供应不足问题

在韩国城镇化过程中，人口过度集聚给城市带来了交通、基础设施供应不足等问题。在交通方面，虽然自20世纪60年代起，韩国就修建了公路、铁路，扩建了港口，发展了航空运输，但是，随着经济发展和城镇化进程的加快，交通拥

挤、环境污染等问题日益突出，为解决这些问题，韩国政府扩建了公路，修建了高架桥、高架路，以及新的海运、航运中心，在全国形成了一套完整的交通网络体系，有力地推进了城镇化发展。我国在城镇化发展过程中，大量农村人口进入城市，必然给交通等城市基础设施带来压力，因此，城市发展不能忽略城市基础设施建设，政府应加强政策和资金倾斜，保障转移进城农民的生活、工作需求；同时，完善交通网络体系，增加城市间的沟通交流，实现城市均衡发展也成为城镇化发展的必由之路。

2. 适当加强政府对城镇化发展的引导作用

韩国城镇化发展过程中的一个显著特点就是政府主导整个国民经济的发展，制定工业、服务业发展战略，引导工业、资源向部分城市集聚；同时政府引导基础设施建设，增强城市的集聚功能。除此之外，韩国的区域经济规划和开发大都是在政府的行政计划中，因此，其城镇化进程在政府的干预下取得了显著成就，仅用了 30 年即实现了城镇化的飞跃性发展，城镇化率从 1960 年的 28.3%增长到 1990 年的 70%以上。可见，城镇化的发展，既离不开市场经济的基础性作用，以市场配置资源，也离不开政府对于城镇化发展的宏观调控作用。政府在城镇化发展过程中需合理引导人口流动，防止区域不平衡发展的情况出现，真正实现城乡统筹发展，消除我国城乡发展中的二元结构。

3. 制定城市发展规划，合理发展卫星城市

韩国城镇化以非均衡发展模式为主，伴随城镇化进程的加速，此种模式下城镇化发展使各种矛盾迅速激化。大城市人口过度集中，导致交通、环境、就业等问题凸显。为解决大城市人口集聚问题，韩国建设了许多卫星城，新城市的建设一方面有效分散了大城市的人口，改善了大城市的居住、生活环境；另一方面，在政府的政策支持下，大量产业转移进入新城市，拉动了新城市的经济发展。因此，在城镇化过程中，需制定城市发展规划，完善城镇化发展中的各项政策，引导大、中、小城市有序发展。同时，合理发展卫星城市，缓解大城市人口集聚的压力，缓解城镇化发展给城市资源、基础设施等带来的负面影响，促进区域经济协调发展。

4. 城市建设管理过程中，注重人居环境建设，强调建设与治理同步

在城镇化的建设、管理过程中，韩国十分注重人居环境建设，以优化城市居住环境，提高市民舒适度。例如，首尔拆除覆盖在清溪川上近 6 公里的高架桥，恢复了清溪川的自然风貌；将汉江堤坝改建为市民公园；增加城市道路开放度，减少道路阻隔等。韩国还十分注重及时处理城镇化过程中出现的各种问题，以使

建设与治理同步。如针对非均衡发展方式导致的“城市病”，及时出台了扶持新城市发展、疏导大城市人口和产业的政策，并及时处理了城镇化发展带来的环境问题。参考韩国城镇化发展经验，我国在城镇化建设过程中，应该增加人居环境意识，以更加人性化的态度进行城镇化建设，不仅要城市发展，更要为城市居民提供更舒适的居住环境，保护环境和资源，以提高城市的人口承载能力；同时，面对城镇化带来的各种问题，应及时调整发展战略，制定相关处理措施，以防止因矛盾激化而阻碍城镇化的发展。

三、首尔首都圈

首都作为一个国家的政治、经济、文化中心，因其特殊地位，人口吸纳能力较强，在城镇化发展过程中，很多国家都需要治理首都“城市病”和首都周围地区发展不平衡的问题，首都圈应运而生。所谓首都圈即是以首都为中心的都市圈，它在一定程度上分散了首都功能，促进了首都圈的均衡发展。韩国的首尔首都圈是在政府主导下建设的，可谓首都圈中的一个典范，我们对其进行分析研究，以期为我国首都圈建设提供借鉴。

1. 首尔首都圈的形成和发展

首尔首都圈是以首尔、仁川为核心，包括京畿道全域的首都圈，土地总面积约 11726 平方公里，占韩国国土面积的 11.8%，人口 2000 多万人，约占韩国总人口的一半以上，是韩国产业的密集区，也是国际较有影响的首都圈之一。首尔首都圈的建设，分散了首尔的人口和部分功能，带动了首都周边区域的协调发展。首尔首都圈的发展从 20 世纪 60 年代开始至今经历了五个阶段：

第一个阶段为 20 世纪 60 年代集中发展时期。第二次世界大战后，韩国实施非均衡发展模式，实行“大城市、大企业和工业为主”的增长战略，对于资源、交通条件较好的首尔、仁川等城市给予重点支持，逐渐形成产业分布、人口集中于首尔、仁川地区的局面。第二个阶段为 20 世纪 70 年代的产业分散期，为防止产业、人口过度集中带来的城市发展问题，70 年代韩国开始建设卫星城市，积极分散人口。第三个阶段为 20 世纪 80 年代的抑制发展期，此阶段韩国政府制定了《首都圈整备规划》，对首都圈进行分区，并对不同地区实施不同的产业发展限制，对于首都周边区域给予优惠政策，吸引产业和人口向外围转移，促进周围区域的均衡发展。第四个阶段为 20 世纪 90 年代，为增强城市产业竞争力，适应全球化发展的要求，韩国政府将首都圈重新划分为过密控制区、增长管理区以及自然保护区；同时，加强园区基础设施建设，完善园区服务，强化园区的自主创新能力，提高园区竞争力。第五个阶段为 21 世纪初期，2003 年卢武铉总统上任，为了解决过度集聚发展引起的人口、环境等问题，实现区域均衡发展，首都圈开始了迁都运动，但以失败告终。随后，韩国政府通过立法将部分部级、副部级机关和 100 多个公共机关迁往他处。经过几十年的发展，首尔首都圈已经形成了以首尔、仁川为中心，区域分工明确、均衡发展的结构。

2. 首尔首都圈发展启示

首尔首都圈的成功发展，可为我国首都圈发展提供的借鉴主要有以下四个方面：第一，颁布城镇化发展相关法律、法规，发挥法律、法规的约束性和指引性作用。在首尔首都圈发展过程中，韩国政府根据城镇化发展的不同阶段，颁布了《首都圈整备计划法》以及第一、第二和第三次首都圈整备计划等。各项法律政策的颁布为首都圈的发展提供了可靠的保障。第二，在不同发展阶段采取不同的控制政策，从严格控制到松动，从政府直接管理到间接管理，从禁令到许可，根据各个发展阶段的实际情况调整管理措施。第三，采取分区限制和分散政策相结合，引导产业向既定方向发展。韩国政府对首都圈进行了分区划分，根据各区情况采取不同的政策，有限制、有鼓励，以保障首都圈均衡发展。第四，设立跨行政区的管理机构，协调解决首都圈发展中的各种问题。韩国政府设立了“首都地区管理委员会”，其对首都圈范围内各行政区申请的新项目拥有最终的审查决定权。委员会的设立保障了各项规划措施的落实，有效地防止了规划和实际的脱节问题。

在我国首都圈的发展过程中，第一，应制定首都圈发展长远规划，为首都圈发展提供指引；第二，任何城市的发展都离不开法律、法规的约束，制定首都圈发展相关法律、法规，发挥法律的保障性作用；第三，设立首都圈专门的管理机构，及时解决首都圈发展中的各种问题，以保证首都圈各项规划的落实；第四，根据首都圈发展阶段的不同，采取不同的管理方式，防止因管理不当而阻碍首都圈的发展。

第四篇

新型城镇化的发展展望

新型城镇化必将持续拉动消费升级、提振内需，本篇将解析新型城镇化发展趋势及其为包括绿色产业、服务业以及房地产业等在内的多元产业带来的机遇；同时，探讨新型城镇化推进过程中可配套实施的相关政策。

第十一章　新型城镇化的发展趋势与展望

李克强总理在《求是》杂志发表的《在改革开放进程中深入实施扩大内需战略》一文中提到："扩大内需的最大潜力在于城镇化"。城镇化发展涉及"人、业、钱、地、房"五大要素，其发展将为我国未来的经济社会发展注入源源动力。随着新型城镇化的不断推进，不仅城镇的发展将展现新的面貌，相关行业也将迎来新的发展机遇。

第一节　新型城镇化下城市群的协调发展

城市群是现代生产力集聚过程中出现的一种城镇化新形态。历史及国外经验表明，以城市群的发展作为推进城镇化的主体形态，就有可能集大、中、小城市和小城镇之长，避大、中、小城市和小城镇之短，走出一条具有中国特色的城镇化之路。《"十二五"规划纲要》指出，未来5年要"构建城镇化战略格局，按照统筹规划、合理布局、完善功能、以大带小的原则，遵循城市发展客观规律，以大城市为依托，以中、小城市为重点，逐步形成辐射作用大的城市群，促进大、中、小城市和小城镇协调发展"。《国家新型城镇化规划（2014~2020年）》提到，"要根据土地、水资源、大气环流特征和生态环境承载能力，优化城镇化空间布局和城镇规模结构，在《全国主体功能区规划》确定的城镇化地区，按照统筹规划、合理布局、分工协作、以大带小的原则，发展集聚效率高、辐射作用大、城镇体系优、功能互补强的城市群，使之成为支撑全国经济增长、促进区域协调发展、参与国际竞争合作的重要平台"。预计未来，我国城市群将形成自东向西梯度展开的分布态势，实现东部带动、中部崛起、西部开发，以城市群为核心推进各区域城镇化协调发展的态势。

一、三大城市群继续领先发展，带动东部地区一体化进程

随着城镇化的推进，我国的城市发展体系逐渐走向成熟，以长江三角洲、珠江三角洲和京津冀为代表的城市群日益成为区域经济发展的龙头。三大经济区凭借各自的优势，奠定了不同的城镇化发展基础。长三角城市群依托于“黄金海岸”、“黄金水道”以及中国最大的港口群，为国际性的交通枢纽，拥有广阔的经济腹地；“珠三角”城市群依托于毗邻港澳、与东南亚隔海相望的地缘优势和市场经济优势，是中国改革开放的门户、政策的“洼地”；京津冀城市群是我国经济由东向西扩散、由南向北推移的重要枢纽，也是内地沿海北部通往世界的重要门户地区，具有政治、经济等中心功能。

工业化和城镇化的加速发展，推动了我国经济结构、人口结构和空间结构的多重调整，为城市群的优化升级提供了良好的机遇。国际经验表明，当区域经济发展到一定阶段，地区发展将实现由投资推动型向技术推动型转变。作为经济发展的区域龙头，我国的三大经济群将在城镇化的进程中，加快产业结构调整，提高自主创新能力，实现从主要依靠外需拉动的产业格局转变为内外需共同推动的增长模式，从主要以低劳动力成本和低资源环境成本为依托的比较优势转变为主要以现代科学技术为依托的竞争优势。三大经济群的优化提升，将对我国经济和城镇化发展产生深远的影响。首先，将充分发挥其对全国和区域经济的重要支撑和引领作用；其次，将增强城市群内中小城市和小城镇的人口经济集聚能力，引导人口和产业由特大城市主城区向周边和其他城镇疏散转移，推动东部地区其他城市群的发展；最后，在优化结构、提高效益、降低消耗、保护环境的基础上，将深化城市间分工协作和功能互补，加快东部地区的一体化发展。

二、培育发展中西部城市群，使之成为地区经济增长极

中西部地区的经济和城镇化发展水平相比东部地区仍有一定的差距，面临着中心城市辐射带动作用不强、资源要素整合有限、产业集聚度不高、创新能力较弱、城市间分工协作程度较低等突出问题。随着我国经济发展和区域战略走向多极化，中西部地区将发展培育一批城市群。《国家新型城镇化规划（2014~2020年)》提到，中西部地区要“加快培育成渝、中原、长江中游、哈长等城市群，

使之成为推动国土空间均衡开发、引领区域经济发展的重要增长极”。中西部的城市群在区位、发展潜力、产业、生态环境、市场需求等各方面均具有显著的比较优势，但是由于经济发展相对滞后等因素，也存在一定的劣势，如成渝城市群内极化效应很明显，造成腹地中小城市发展滞后，致使承接重庆、成都两大极点的川中地区缺乏有规模、有实力的次区域中心城市，成为大面积的城市经济发展“洼地”。培育发展中西部的城市群，充分发挥其辐射作用，成为推进新型城镇化建设的一个重要课题。

随着新型城镇化和产业结构升级的推进，中西部地区的城市群迎来了发展的新机遇。由于东部地区经济的转型升级，部分产业向中西部地区转移就成为一个必然趋势，部分有市场、有效益的劳动密集型产业就会优先向中西部城市群转移，并在此过程中吸纳东部返乡和就近转移的农民工，加快产业集群发展和人口集聚。同时，在新型城镇化与新型工业化的同步推进中，中西部城市群将依托自身优势条件，进一步壮大现代产业体系，完善基础设施网络，构建功能完备、布局合理的城镇体系，强化城市分工合作，提升中心城市辐射带动能力，以形成经济发展健康、生活品质优良、生态环境优美的新型城市群。此外，依托陆桥通道上的城市群和节点城市，构建丝绸之路经济带，推动形成与中亚乃至整个欧亚大陆的区域大合作。

第二节　新型城镇化下绿色产业发展机遇

改革开放以来，我国城镇化走的是一条粗放型的发展道路，高消耗、高排放、高扩张的发展模式，加剧了城镇化与生态环境的矛盾。2012 年中央经济工作会议提出，积极稳妥推进城镇化，着力提高城镇化质量，把生态文明理念和原则全面融入城镇化全过程，走集约、智能、绿色、低碳的新型城镇化道路。《国家新型城镇化规划（2014~2020 年）》提出，要顺应现代城市发展的新理念、新趋势，推动城市绿色发展，提高智能化水平，增强历史文化魅力，全面提升城市内在品质。将生态文明理念全面融入城市发展，构建绿色生产方式、生活方式和消费模式。新型城镇化发展模式的转变，将为我国绿色产业的发展带来新的机遇。

一、绿色能源迎来发展契机

狭义的绿色能源消费是指对生物质能、太阳能、风能、地热能、水能等可再生资源的消费；广义的绿色能源消费是指能源在生产、消费过程中遵循节能、减排、低耗、低碳的绿色消费方式。新型城镇化注重经济社会生态协调发展，强调可持续发展，注重生态文明，强调绿色低碳发展。《国家新型城镇化规划（2014~2020年）》提出，要“加快建设可再生能源体系，推动分布式太阳能、风能、生物质能、地热能多元化、规模化应用，提高新能源和可再生能源利用比例”，为绿色能源的发展提供了巨大的舞台。

新型城镇化对绿色能源发展的推动作用，首先表现在其对能源消费结构的调整。研究表明，工业、服务业以及工业轻重结构的变化，是导致能源消费结构与能源效率变化的主要因素。新型城镇化的推进将加快产业结构的调整，2012年，我国第三产业占国内GDP的比重已达44.6%，仅低于第二产业0.7个百分点，与第二产业的距离不断拉近。随着城镇化的进一步推进，产业结构比重将由“二、三、一”转变为“三、二、一”，现代服务业和先进制造业将占据主导地位，传统能源消耗和二氧化碳排放将降低，绿色能源消费比重将提升。其次，新型城镇化发展的核心动力为新型工业化，而新型工业化将有力带动绿色能源消费。随着新型工业化的发展，“高消耗、高污染、高排放”产业将通过新技术、新流程、新管理进行改造，从而降低能源消耗；循环经济将得到有效发展，使物质资源在生产过程中低能耗、低物耗、少污染、高效率。最后，新能源产业的发展将大力推进节能环保和资源的循环利用。

二、绿色建筑业快速发展

绿色建筑是指在建筑的全寿命周期内，最大限度地节约资源（节能、节地、节水、节材）、保护环境和减少污染，为人们提供健康、适用和高效的使用空间，并与自然和谐共生的建筑。建筑是组成城镇的基本单元，绿色建筑倡导不以牺牲生态环境为代价的可持续发展模式，其本质与新型城镇化节约集约、生态宜居的发展要求相一致，符合新型城镇化在突破资源环境瓶颈问题上对建筑的新要求。《国家新型城镇化规划（2014~2020年）》提出，要“实施绿色建筑行动计划，完善绿色建筑标准及认证体系、扩大强制执行范围，加快既有建筑的节能改造，大力发展绿色建材，强力推进建筑工业化”。

建筑业具有关联度高、产业链长、集成度高、附加值高、社会贡献拉动效用大等特点，是城镇化发展的重要支撑产业。随着新型城镇化的不断推进，绿色建筑业将迎来快速发展。近5年，我国绿色建筑都是以每年翻番的速度发展。据统计截至2013年12月31日，我国共评出绿色建筑1446项，总建筑面积近1.63亿平方米，仅2013年获评的建筑数量就比2012年增加了81%，面积增加了1.12倍。不少新型城镇化实践中的先锋企业也是绿色建筑的先行者，中新集团通过政策引导、闭合监管和示范项目带动等措施在其工业园区大力推广绿色建筑，成效显著；天房集团多次与天津大学、天津工业大学、中国建筑科学研究院等多家高校及研究院所在绿色建筑领域合作寻求技术支持，取得了良好的实践效果和示范效应。我国正处于新型工业化、新型城镇化和新农村建设加快发展的关键时期，城镇化的高速推进在空间上表现为城镇建筑面积的快速扩张，预示着绿色建筑未来巨大的发展潜力。

三、绿色服务业不断壮大

绿色服务是指有利于保护生态环境，节约资源和能源，无污、无害、无毒、有益于人类健康的服务总称。绿色服务业强调以生态或者绿色服务来补充、替代传统服务方式，实现尽可能少的非绿色影响。《国家新型城镇化规划（2014~2020年）》要求走集约、智能、绿色、低碳的道路，为未来城镇化发展指明了方向，这就要求在未来城镇发展过程中，改变原有的粗放经济增长方式，对于服务业而言就是发展绿色服务业，走可持续发展道路。

长期以来，我国经济发展粗放，“高投入”仍是经济发展的主要途径，能源利用效率低下，一些行业面临着产能过剩、供需失衡、成本上涨、价格下跌等问题的考验，盈利空间受到挤压。近年来，党中央要求转变经济发展方式，大力发展包括绿色服务在内的绿色经济，为我国的经济转型指明了方向。现代城镇经济将以第三产业为主，尤其是现代服务业，因此转变经济发展方式，发展绿色经济，最重要的就是发展绿色服务业。新型城镇化的推进过程中必然有大量人口向城镇集聚，人口增加对于基础设施、资源、环境、就业、消费、公共服务等方面的需求也会相应增加，绿色服务业将迎来较好的发展机遇。

第三节　新型城镇化下房地产业发展机遇

城镇化与房地产业的发展存在极为密切的关系，城镇化的发展必然带动产业的发展和人口的聚集，进而带动房地产业的发展。随着新型城镇化的推进，城市的人口聚集能力不断提升，新进入城市人口的居住需求，就会带动住宅产业的发展；同时，经济发展水平和居民消费能力的提升，将推动房地产业的转型升级，为房地产业的发展带来新的契机。

一、改善型需求潜力巨大，消费升级促其释放

消费升级促进改善型需求释放，未来十年改善型需求将超过 50 亿平方米。根据人口普查数据，2000~2010 年我国人均住房面积在 30 平方米以下的户数比重下降了 20 个百分点，但仍超过 50%。2010 年末，我国城镇家庭人均住房面积低于 30 平方米的共 1.09 亿户，占城镇家庭总户数的 53%，30~39 平方米区间内的户数也占到 17%（见图 11-1）。

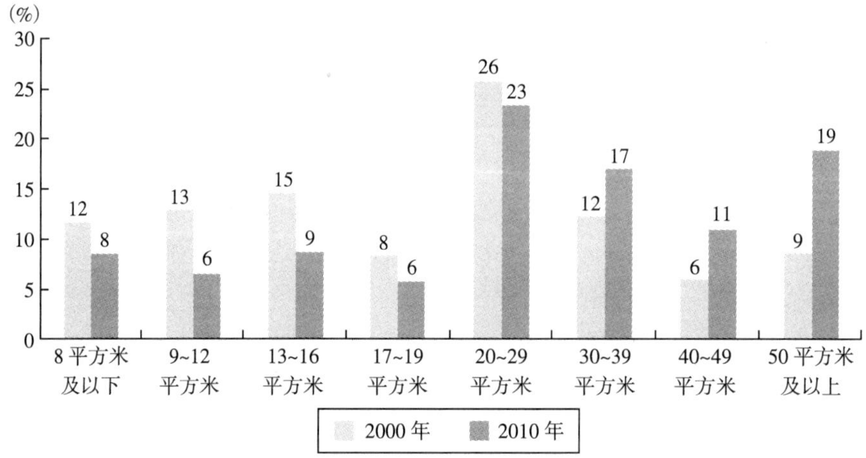

图 11-1　2000 年和 2010 年我国城镇居民住房人均面积分布情况

资料来源：国家统计局，中国指数研究院整理分析。

从人口年龄结构角度来看，根据联合国人口预测，至 2035 年，35~49 岁城镇人口将保持大幅增长趋势，其中 2026~2030 年增长最快，年均增加 345 万人，

同时，我国 35~49 岁城镇人口数量将达到历史最高点（2.09 亿人）（见图 11-2、图 11-3）。这一年龄阶段人口将是改善型产品的主要消费者，因此，随着城镇化的平稳推进，居民收入及生活水平的不断提高，城镇人口增长带来的首次置业等刚性需求将有所弱化，而改善型需求（包括现有房屋折旧拆除以及人均住房面积提高）的地位将日益凸显。

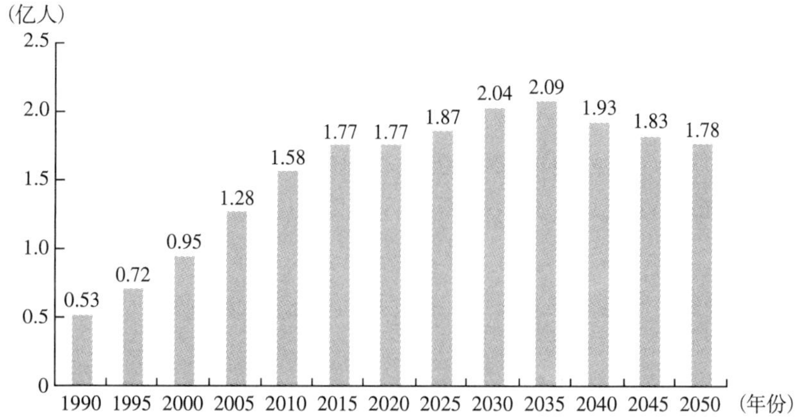

图 11-2 1990~2050 年 35~49 岁城镇人口变化及趋势预测

资料来源：联合国，中国指数研究院整理分析。

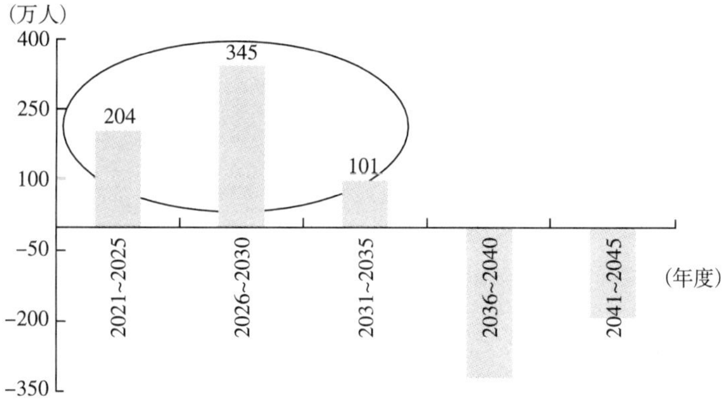

图 11-3 2021~2050 年新增 35~49 岁人口趋势预测

资料来源：联合国，中国指数研究院整理分析。

二、“新四化”同步推进，产业地产迎来新机遇

政策扶持为产业地产创造了良好的发展环境。中共十八大报告明确提出，要“推动信息化和工业化深度融合，工业化和城镇化良性互动、城镇化和农业现代

化相互协调，促进工业化、信息化、城镇化、农业现代化同步发展，把优化产业结构、推进产业结构战略性升级作为推进经济结构调整的重要内容”。在工业化后期，随着我国各区域一系列产业发展规划的出台，包括金融政策、税收优惠政策、财政支持政策、人才支持政策、配套建设支持等各项政策扶助措施，重点产业总体趋势上呈现出健康向上、蓬勃发展的良好态势，成为推动城镇化发展繁荣的重要引擎和经济发展新的增长点，发展潜力突出。

产业用地出让政策转变，市场投资热情高涨。2012 年 3 月，国土资源部颁布的《关于推进节约集约用地制度建设的意见》指出，实行开发区节约集约用地鼓励政策，完善工业用地提高利用率和容积率而不再增收土地价款的规定。产业用地政策的转变，有助于国家的产业结构调整，从土地市场反应来看，多地对产业用地的投资热情明显升高。中国指数研究院对全国 302 个城市土地市场的统计数据显示，2013 年第二季度，工业用地市场的回升态势相比住宅用地更为突出（见图 11-4），一方面体现了新型城镇化背景下政府工业用地供应结构性增加，另一方面也揭示了在住宅调控持续深化的影响下，工业用地投资热情显著增加。

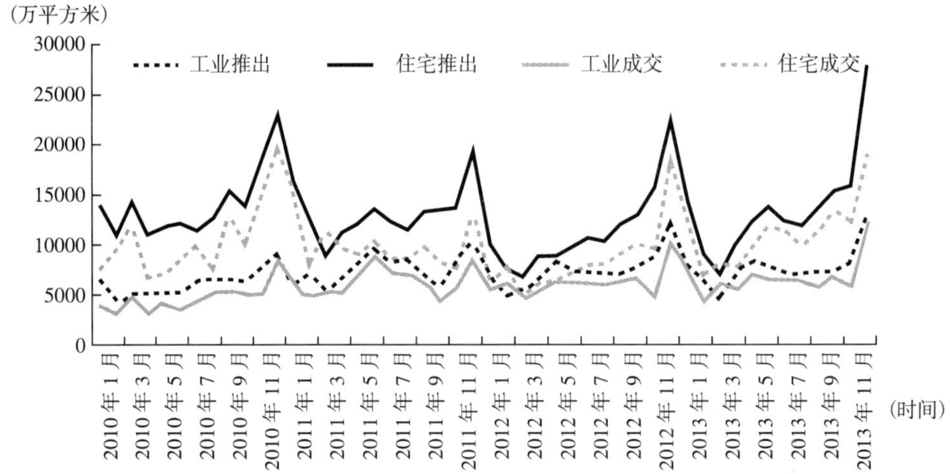

图 11-4　2010 年 1 月~2013 年 12 月 302 个城市工业用地、住宅用地供求状况

资料来源：CREIS 中指数据、fdc.fang.com。

开发商纷纷转型进入产业地产领域，产业地产日益成为国内外企业投资的热点，各级地方政府也积极推动产业园区的发展，全国范围内的产业地产投资开发浪潮已基本形成，而产业园区开发与运营领域也将成为地产企业争夺的新战场。目前，绿地、招商、远洋、富力等众多传统房企均已涉足产业园区运营领域；中新集团、华夏幸福基业等致力于新型城镇化建设的企业在产业园区建设和运营领域积累了丰富经验，并不断进取；此外，还有一些属于主要服务于制造业的企业，一方面为了寻求多元化发展，挖潜地产业务，另一方面为了开展上下游联动，节约企业综合成本，也开始向产业园区运营延伸。

三、消费升级带动商业地产发展，机遇与风险并存

商业地产迎来发展窗口。国外经验显示，第三产业占 GDP 比重超过 50%后，商业地产将进入加速发展阶段，2012 年我国第三产业占 GDP 的比重已达 44.6%，正在逐渐进入这一阶段。城镇化率的提高带来城镇人口的增长，也必然带来经济结构的转型，服务业比例会逐渐提高。近年来服务业企业就业人数的增多、社会消费品零售总额的持续双位数增长都为商业地产带来了发展的契机。从商业地产和住宅的价格走势来看，近年来商品住宅的价格增速在大部分时间内都超过了商业营业用房，在某些区域甚至出现了住宅比商业更贵的“商住倒挂”情况，未来商业地产的发展存在“补涨”的可能。

投资额与新开工面积持续增长，商业地产在整个商品房市场份额明显提高。2009~2012 年，受住房市场调控、开发企业转型、投资者转移等多种因素推动，全国商业地产开发、销售面积及投资额在整个商品房市场的占比持续增加，如图 11-5 所示，商业地产投资额占比提高 2.4 个百分点，新开工面积占房地产新开工面积比重从 13.2%上升到 15.8%，销售额占比提升至 9%。

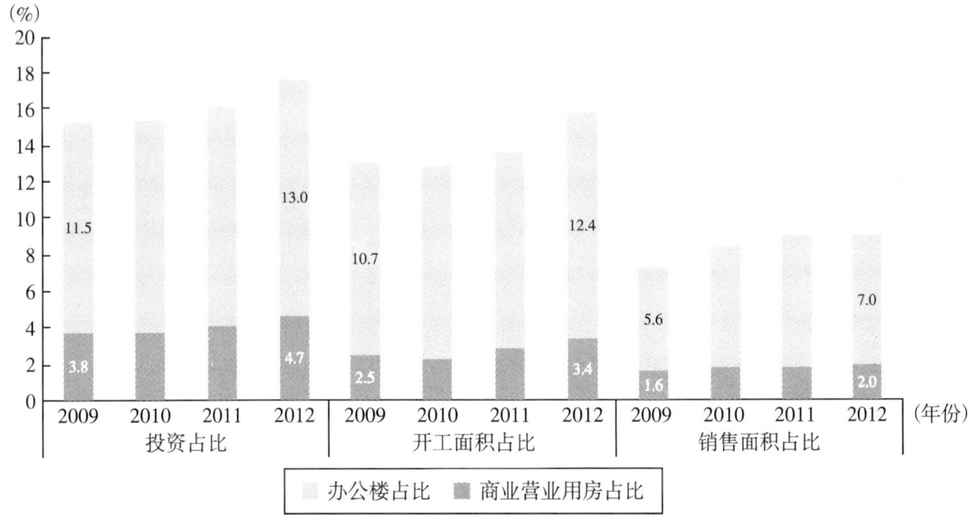

图 11-5　2009~2012 年全国办公楼及商业营业用房投资、开工面积、销售占比

资料来源：国家统计局、CREIS 中指数据、fdc.fang.com。

企业逐渐加大商业地产投入。从国外房地产企业的发展路径来看，美国房地产巨头帕尔迪的经验也表明，房地产住宅开发企业在某一阶段都需要进入商业地产，通过开发、持有商业物业来为公司创造高回报率，未来的房地产开发模式不可避免地将由“住宅”独大转为“住宅”和“商业”并重。近年来，国内众多以开发住宅为主的房地产企业纷纷加大了在商业地产方面的投入，如万科提出“商业地产三步走”的策略，拿出不少于10%的资金来开发商业地产。有理由相信，商业地产在房地产市场的位置在下一个十年将更为重要。

部分城市商业地产供应过剩的风险不容忽视。与住宅市场类似，由于人口、社会经济发展等影响需求因素的制约，各城市间商业地产市场同样呈现分化的发展趋势：一线城市有足够的需求消化新增供应，而二线城市则面临着供应过剩的风险。社会消费品零售总额是衡量商业用房市场需求的一个重要指标，随着社会消费品零售总额的增加，商业用房面积的适当增加可以促进消费，但过多的面积供应则会导致供求不平衡，带来相应的市场风险。2010~2012 年，在全国主要城市中，所有一线城市的社会零售品销售总额都远远高于其对应的新开工面积，显示了强大的社会消费能力，由于一线城市的家庭可支配收入高，增长速度快，体验式消费占据了主导地位，因此时尚品牌、快速消费品、餐饮、影院等产业扩大了营业面积，商业营业用房市场需求旺盛。而二线城市，如银川、合肥、沈阳等城市，存在着严重的供需不匹配，其中沈阳 2011 年消费品零售总额不到北京的一半，但开工面积却比北京高出 60%以上。

四、收入增长刺激旅游、文化地产等快速发展

城镇化建设推动经济结构调整与产业结构升级，驱动大规模消费增长，为我国经济增长提供了巨大的驱动力。随着国民经济蓬勃发展，居民消费水平日益提高，城乡居民储蓄不断增多，休闲时间日益增加，消费需求逐步升级，包括旅游、体育、文化等多种类型的休闲地产逐渐受到关注。

经济发展和收入增长促使旅游业进入大众化发展新阶段。伴随社会经济发展、生活水平提高和生活方式的改变，旅游已经成为社会经济活动和人民生活的重要组成部分。国家统计局公布的数据显示，2000~2012 年，我国国内游客数量由 7.44 亿人次增长至近 30 亿人次，位居世界第一，且近几年年均增速始终保持在 10%以上，2011 年甚至超过 20%。同期全国旅游业收入也由 2000 年的 3176 亿元增加至 2012 年的约 2.57 万亿元，近十年年均增速近 20%（见图 11-6），提

前三年实现“十二五”规划中 2.5 万亿元的目标。现在中国已成为世界第三大出境客源国和第三大旅游目的地国，中国旅游业已进入大众化发展的新阶段。

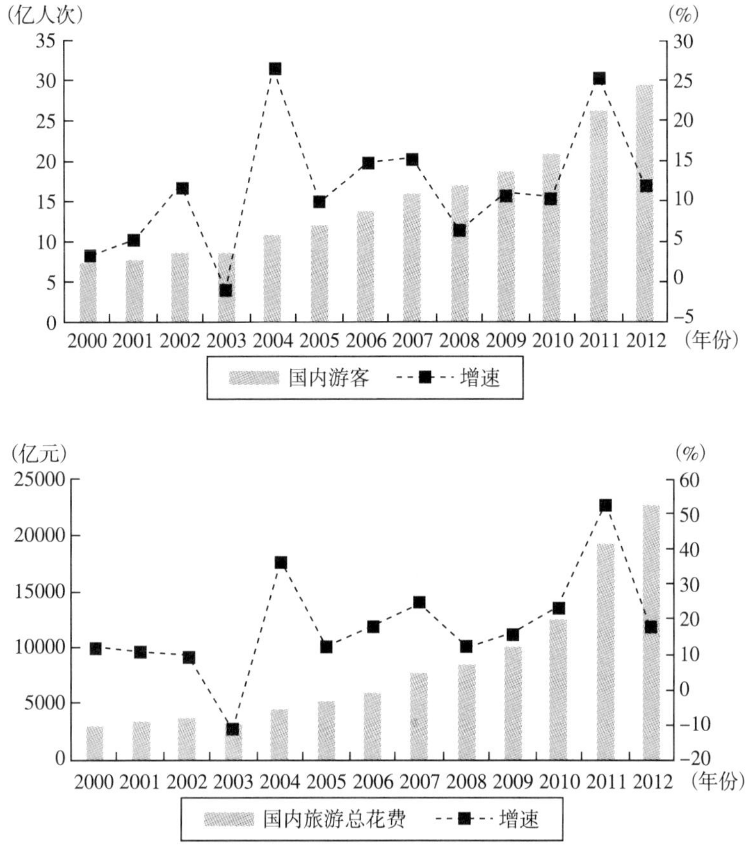

图 11-6　2000~2012 年国内旅游人次及总花费情况

资料来源：国家统计局，中国指数研究院整理分析。

2014 年 8 月，《国务院关于促进旅游业改革发展的若干意见》出台，根据该意见，土地供应将进一步向旅游业倾斜，融资利好将为旅游业发展提供资金支持，在多重利好政策的支持下旅游业将开辟新的发展空间。在此背景下，将房地产和旅游度假、休闲娱乐、消费文化等诸多元素融为一体的旅游地产，将迎来新一轮的发展机遇。

第四节 新型城镇化下服务业发展机遇

城镇化的推进将带来大量的生产性消费需求，另外大量农村人口向城市迁移，将会带来巨大的消费需求。据数据分析，城镇化率每提高1个百分点，意味着至少有1300余万人从农民变为市民，这将直接带来1740亿元的新增消费，10年间10~15个百分点的城镇化率增长，将带来1.7万亿~2.6万亿元的新增消费规模，约拉动最终消费增长1.6个百分点。大量的新增消费需求，必然会带动服务业的发展，为服务业提供较大的发展空间。除此之外，大量人口由农村进入城市，不仅是消费性需求增加，而且诸如存贷款等金融性需求、出行等交通性需求、子女受教育等文化教育需求也将相应增加。因此，随着城镇化深入发展，文化教育产业、交通运输业、金融业等都将迎来发展的春天。

一、文化教育产业发展机遇

城镇化的过程主要是人的生产方式和生活方式转变的过程，是人的城镇化，也就意味着劳动者素质的提高，高速发展的21世纪，要求劳动者具备与社会发展相匹配的素质。文化教育产业以其“高产值、低能耗、绿色无污染”的特点，在提高人口素质、推动社会文明进步以及城市产业发展方面发挥着重要作用，新型城镇化发展要重视文化教育产业。

1. 城镇化推动文化产业进入发展黄金期

新型城镇化不仅要进行户籍制度的改革、财税政策的调整，更要关注文化民生，重视公共文化服务的均等化、普遍化、大众化。因此，在城镇化的过程中，城市软实力的提高同样重要。目前，城市是文化设施与文化空间的聚集地，在城乡统筹发展的带动下，城镇数量的增多和非农人口的增长为文化产业发展提供了强大动力，将推动文化产业进入发展的黄金期。

一方面，城镇化的发展可带动当地逐渐形成有自己特点的文化产业。城镇发展在促进产业结构优化过程中，必将一部分农民从个体生产和经营体制中解放出来，使其转入其他产业，而文化产业作为产业结构优化的方向之一，是城镇未来的发展方向，也是农民职业转变的重要领域。同时，城镇化发展可整合和依托当地的文化资源优势发展文化产业，因地制宜地扶持和打造有优势的文化产业项目，减少文化产业发展的自发性和盲目性，推动符合当地特色的文化产业发展。

另一方面，城镇化推动文化产业逐渐形成以城市群为单位的文化空间布局。城市群已经成为人居环境与生产要素深层次融合的新空间组织形式，这一组织形式演绎出产业集群化的新方向。随着城镇化的发展，城市之间的联系更加紧密，产业发展逐渐跳出行政区划限制，形成了更具市场竞争力的文化经济体。在中国大多数地区，文化产业的发展仍集中在城市，而城镇化的发展可带动文化人才、创意、资本等由大城市向小城镇发展，形成以城市群为单位的文化产业空间布局。

2. 城镇化推动教育均衡化，引领职业教育发展

从城乡来看，农村教育水平较低；从区域看，中西部教育发展相对滞后；从学校看，不同学校水平相差较大；从群体看，进城务工人员随迁子女、留守儿童等特殊群体教育保障水平还不高，教育发展不均衡现象日益严重。城镇化的目的之一即为打破城乡二元结构，实现城乡统筹发展，不仅应体现在经济方面，更应体现在关系民生的教育、医疗等方面，教育是兴国之本，更是百年大计，因此首先要推动教育均衡化，以使各地区的学生均能享受到优质教育资源。

城镇化的深入发展，将产生大量新的就业方向、就业岗位和用工需求，尤其是以服务业为主的第三产业，急需大批适应新的就业方向、就业岗位、就业能力的技能型人才和高素质劳动者，这就需要在政策导向上，向培养技能型、操作型人才倾斜，大力发展职业教育。

二、交通运输业发展机遇

城镇化对经济的促进作用必然会推动基础设施建设、人员流动的大量增加，将利好于交通运输业的发展。此外，鉴于交通运输业对于城镇化发展具有较强的支撑和引导作用，在城市发展过程中，“交通先行”已成为共识，城镇化的发展不仅利好交通运输业，更要以交通的优先发展为基础。因此，在当前城镇化快速发展的背景下，交通运输业必将迎来发展的新机遇。

1. 受益于新型城镇化，交通运输业融资环境改善

因为耗时长、投资回报周期长等问题的影响，交通运输业的发展一直因融资困难而受到制约。在加速城镇化发展的宏观背景下，交通运输业作为城镇化发展的先行军，逐渐受到资本市场、信贷市场的青睐，融资环境进一步改善。

从资本市场来说，在城镇化的推动下，交通运输类企业可在自身优势、行业政策推动的支持下，实现企业上市，使企业有望借助资本市场平台，不断提升核心竞争力和公司治理水平，有效解决融资难题。在信贷管理方面，货币政策逐渐缓和，为交通运输业带来一个较宽松的融资环境，且多家银行决定将城镇化作为信贷投放的重点，使融资环境得到一定程度的改善。

2. 城镇化下公路、铁路运输业收益最大，发展前景广阔

城镇化的发展主要是人口转移和城市群的协同发展，无论是人口转移还是城市群的发展，都将从不同方面为交通运输业带来发展机遇。首先，城镇化主要是人的城镇化，即农村人口转移进城，农民生活范围逐渐扩大，必然需要借助交通工具出行，而转移进城的农民经济条件有限，消费能力不高，因此将会给公路或者铁路带来较大发展机会，而对航空和水运的影响不大。其次，新型城镇化的主体形态是城市群，城镇化要求城市群内各中小城市合理分工、功能互补、协同发展，以实现中小城市发展的规模效率和分工效率，有效避免单个城市因过度集聚而患上“大城市病”和小城镇因缺乏就业机会而沦为“睡城”等问题。城市群和产业的发展成功必然要求具备一个高效的城市交通网络，这将为公路、铁路运输业带来较好的发展前景。

三、金融业发展机遇

随着我国新型城镇化的进一步发展，人口、资本等生产要素也将实现空间的集聚和重构。在城乡二元经济向一元结构靠拢的全社会资源再分配过程中，城镇化将为金融机构提供巨大的金融需求与服务机会，我国金融机构将迎来新一轮发展的重要战略机遇期。

1. 城镇化下融资需求增多，推动金融机构收入增长

首先，城镇化加速发展，必然带来一定的基础建设融资需求。一方面，城乡统筹发展下，无论是农村还是发展较好的城镇都需要进行大量的基础设施建设，需要大量资金支持；另一方面，农民转移进城要有一定的社会保障，需要资金保障。其次，伴随农民进城生活会衍生出大量的创业需求，金融机构可通过向小微企业发放贷款获得收入。最后，随着我国经济发展和城镇化的稳步推进，人民生活水平进一步提高，个人贷款业务收入有望强劲增长。

2. 城镇化带动金融机构规模扩大，同时催生大量创新型金融产品

新型城镇化将带动大量中小城镇逐渐发展起来，银行类金融机构将会受到影

响，服务对象逐渐发生变化，乡镇企业增多，原有的金融机构不能满足城镇需求，将迫使金融机构增加网点、扩大规模。除此之外，城镇化的发展有利于金融服务的创新，探索多元化的金融服务产品。例如，可通过创新融资模式、担保方式创造出适合当地的金融产品，为农民和农村城镇建设提供资金，解决城镇化中农民和建设的切实需要。

3. 城镇化发展将引导金融资源向城镇化地区倾斜

城镇化过程中涉及基础设施建设、居民消费需求、住房需求、服务需求、产业发展等多个领域，融资需求亦趋于多元化，将引导金融资源向城镇化地区倾斜。随着城镇化的发展，金融机构逐渐将网点扩张到城镇化地区，金融网点的集聚可为当地提供更加便利的金融服务。此外，城镇化是国家发展战略，政策支持将引导资金流向小城市和中小城镇。

第十二章　中国新型城镇化政策保障

1978~2013 年，我国城镇人口从 1.72 亿人增加到 7.31 亿人，城镇化率从 17.92%提升到 53.7%。然而，城镇化持续稳定发展的背后却潜藏着日益凸显的诸多矛盾和问题，尤其是近年，在加快转变经济发展方式的背景下，各种矛盾不断激化并逐渐成为城镇化发展的“瓶颈”。国务院颁布的《国家新型城镇化规划（2014~2020 年）》指出，2020 年要实现常住人口城镇化率达到 60%左右，户籍人口城镇化率达到 45%左右，户籍人口城镇化率与常住人口城镇化率差距缩小 2 个百分点左右，努力实现 1 亿左右农业转移人口和其他常住人口在城镇落户。要实现这个任重道远的城镇化发展目标离不开相关政策措施的保障，因此，如何制定适合中国城镇化发展特点的政策成为新型城镇化发展道路上亟须解决的首要问题。

第一节　深化户籍制度改革

户籍制度是我国社会发展特定时期的一个产物，也是造成我国城乡二元结构的重要原因。在我国经济社会快速发展的今天，户籍制度显然已成为一大制约因素，为加快形成城乡经济一体化发展的新格局，户籍制度改革迫在眉睫。2014 年 7 月 30 日，国务院发布的《关于进一步推进户籍制度改革的意见》明确指出：“建立城乡统一的户口登记制度。取消农业户口与非农业户口性质区分和由此衍生的蓝印户口等户口类型，统一登记为居民户口。” 这标志着我国实行了半个多世纪的“农业”和“非农业”二元户籍管理模式将退出历史舞台，以户籍改革之力助推城镇化发展，成为当前户籍制度改革的重要问题。

一、我国户籍制度发展历程

户籍制度是我国的一项基本国家行政制度，发展源远流长，早在商王朝就开始实行人口登记制度，并对我国产生了深远影响。新中国成立以来，我国户籍制度根据地域和家庭成员关系将户籍属性划分为农业户口和非农业户口，这在新中国成立初期对促进我国经济发展起到了一定的积极作用，但是随着社会的进步和城乡交流的日益广泛，该制度逐渐成为制约社会经济发展的障碍。为了适应社会发展的新阶段，促进社会经济持续发展，党中央不断根据社会发展情况调整户籍制度。通过统计整理发现，迄今为止，我国户籍制度发展经历了三个主要阶段，十二次变迁。

1. 户籍制度的形成阶段（新中国成立初至1958年）

这个阶段的户籍制度是在工业化曲折发展的背景下逐步形成和发展起来的，目的是让农村支撑城市、农业为工业化提供积累。1951年7月，公安部颁布《城市户口管理暂行条例》，这是新中国最早的一个全国性户籍法规，条例明确指出了“维护社会治安，保障人民安全”的宗旨，强调了户籍在治安管理中的作用。1955年6月22日颁布的《国务院关于建立经常户口登记制度的指示》，首次确立了经常的户口登记制度，统计时间确定为每年一次。可见，这个阶段并没有严格的户籍制度，以自由迁徙为特点。

2. 户籍制度的发展阶段（1958~1978年）

1958年1月《中华人民共和国户口登记条例》颁布，这是新中国当代户籍制度的形成标志，其以法律形式规范了全国的户口登记制度，规定了控制人口迁徙的两项基本制度。1963年，公安部依据是否吃国家计划供应的商品粮，将户口分为“农业户口”和“非农业户口”，建立了商品粮户口制度。1964年发布《公安部关于处理户口迁移的规定》，限制户籍从农村迁往城市和集镇，从集镇迁往城市，或从小城市迁往大城市，标志着我国城乡人口自由流动受到严格限制，城乡二元制结构正式确定。1975年《宪法》取消了“公民居住和迁徙的自由”，将以户籍控制人口流动的二元户籍制法律化；之后出台的一系列相关规定进一步强调要严格控制农村人口进入城镇。

3. 户籍制度的逐步改革阶段（1978年至今）

随着改革开放的深入发展和市场经济的逐渐形成，人口流动已成为一股不可阻挡的潮流，严格的户籍制度已不再适应社会发展的需要，户籍制度逐步得到调整。1984 年国务院发布《关于农民进入集镇落户问题的通知》，允许农村人口自理口粮进城镇务工经商，户籍制度开始松动。1997 年后开始允许农民在小城镇就业、居住，并“引导农村人口向小城镇有序转移”。随后 2008 年、2011 年和 2013 年又多次出台相关政策进一步推进户籍制度的改革，但直到 2014 年 7 月发布的《国务院关于进一步推进户籍制度改革的意见》才明确提出，取消农业户口与非农业户口性质区分，建立完善积分落户制度。至此，户籍制度改革迈出了重要一步，对于推进城镇化发展和社会经济发展起着至关重要的作用。

纵观我国户籍制度几十年的发展历程不难发现，户籍制度改革伴随着社会经济发展而生，改革开放后逐步松动的户籍制度是为了适应市场经济和城镇化发展的要求；2014 年确定的取消农业户口与非农业户口区分是为了助力新型城镇化发展。然而，与户籍制度紧密相连的教育、就业、社会保障等福利制度并没有实现城乡统一，在一定程度上阻碍了人的城镇化发展。

二、户籍制度对我国城镇化发展的制约

城镇化的核心是人的城镇化，但是由于城乡二元制户籍制度的制约，进城务工经商的农民根本无法像城市居民一样享受城市公共服务和社会福利，更无法真正融入城市的政治、经济和文化生活。除此之外，对于失地农民来说，失去土地即意味着失去了生活的保障，一部分人一时找不到生计，另一部分人则过着“城市打工，农村生活”的日子，游离于城市和农村之间，处境尴尬，必然会带来一系列的社会和经济问题，增加了政府管理的成本和难度。整体而言，城镇化发展与户籍制度之间的矛盾主要体现在以下三个方面：

第一，城乡居民收入拉大，“三农”问题日益严重。我国户籍制度是为了农业支撑工业化发展而建立的，在一定程度上促进了我国工业化发展。然而，随着社会经济的发展，城镇化滞后于工业化的矛盾日益突出。目前，城镇化水平只有 50%左右，远远低于发达国家高达 80%~90%的水平。城镇化的滞后导致我国产业结构不均衡，吸纳农业剩余劳动力的能力不足，城乡居民的收入反差越来越大，“三农”问题越来越严重，并成为中国现代化发展的瓶颈问题。

第二，受到户籍制度的限制，城市外来人口收入相对较低。部分城市为了保障当地人口就业，某些岗位仅雇用本城市居民，限制了外来人口就业。另外，部分企业在雇用条件和福利待遇等方面也歧视外来人口，从而加剧了外来人口在城市就业的困难，拉大了外来人口与本城市人口的收入差距，直接影响了人口城镇

化质量和水平的提高，阻碍了城镇化发展。

第三，外来人口难以享受户籍人口的各项社会保障和福利待遇，融入城市难度增加，城市认同感不高。由于户籍制度与社会福利、社会保险等多方面保障政策捆绑，外来人口不仅无法享受城市户籍人口的多种福利，而且在就业、受教育等方面的待遇明显不公平，造成外来人口的城市认同感低，融入难度增加。

随着我国城镇化的深入发展，户籍制度的制约作用日益明显，城镇化发展和户籍制度之间的矛盾更加突出，户籍制度改革逐渐得到各方的共识，迫在眉睫。但是，任何改革必然会触动一些既得利益群体的利益，户籍改革也不例外，因此，当前户籍改革的关键是寻找一些新方法、新思路，解决户籍制度中隐藏的各种问题，以推动户籍制度改革的不断深化。

三、深化户籍制度改革

2014 年 7 月 30 日，国务院正式印发《关于进一步推进户籍制度改革的意见》(以下简称《意见》)，城镇化发展基石之一的户籍制度改革实现了重大突破。《意见》指出，“到 2020 年，基本建立与全面建成小康社会相适应、有效支撑社会管理和公共服务、依法保障公民权益的新型户籍制度，努力实现 1 亿左右农业转移人口及其他常住人口在城镇落户”。《意见》是近年来户籍改革迈出的最重要一步，具有划时代的意义，其在以下四个方面实现了新突破：第一，取消农业户口和非农业户口以及由此衍生的蓝印户口之间的性质区分，统一为居民户口，这标志着我国实行多年的城乡二元户籍制度的终结，有助于打破城乡发展的二元结构；第二，实行差别化的落户政策，建立户口迁移梯度，即全面放开建制镇和小城市落户限制，有序放开中等城市落户限制，合理确定大城市落户条件，严格控制特大城市人口规模，建立完善积分落户制度；第三，创新人口管理，健全完善人口信息管理制度，这是在大数据时代，政府部门在人口服务和公共管理方面做出的一项重大创新；第四，《意见》明确规定“不得以退出土地承包经营权、宅基地使用权、集体收益分配权作为农民进城落户的条件”，尊重农民意愿，保障农民利益。

作为近年出台的具有实质性改革意义的重要文件，《意见》必将会在社会经济发展的多个方面产生重要影响，伴随而来的农村人口转移也必定会在一定程度上推动我国新型城镇化的发展。在经济发展方面，户籍改革将拉动经济增长，预计到 2020 年，每年户籍改革对 GDP 增速的拉动在 1%左右。在人口红利方面，2020 年前实现 1 亿农业转移人口，意味着未来会向第二、第三产业输送大量的人力资源，将在一定程度上缓解计划生育带来的负面影响。在受教育权方面，保障农业转移人口及其他常住人口随迁子女平等享有受教育权利，农业转移人口子女有望享受与城市人口子女平等的教育机会。在社会保障方面，将进城落户农民完全纳入城镇社会保障体系，在农村参加的养老保险和医疗保险规范接入城镇社会保障体系，完善并落实医疗保险关系转移接续办法和异地就医结算办法，整合城乡居民基本医疗保险制度，这将有助于加快建设城乡统一的医疗救助制度。但是，要想真正打破城乡分割的二元结构，实现真正的城乡统一，户籍制度改革只是第一步，随之而来的诸多问题还需要出台更详细的政策予以解决和保障。

首先，加大城市就业岗位开发力度，同时，加强转移进城人员职业技能培训。随着户籍制度改革的实施，一方面，大量农村人口转移进城，必将会带来大量的求职需求，这就要求政府加大就业岗位的开发力度，尽可能吸纳相关就业人群，同时政府还应制定落实关于保障农业转移人口就业的政策细则，以保障农村转移人口顺利就业。另一方面，农村转移人口多存在劳动力素质偏低的问题，为了更好地帮助农村转移人口适应城市发展和岗位需求，政府应制定相关政策，加大面向农业转移人口全面提供政府补贴的职业技能培训服务。除此之外，农村人口转移进城还会为城市管理带来难题，各地政府也应根据当地实际情况制定行政法规，保障城市管理水平不降低，城市健康持续发展。

其次，逐步解绑与户籍制度紧密相连的福利制度，真正做到资源共享。我国的户籍制度历来与各种公共服务和社会福利挂钩，因此真正的户籍改革并不仅是对户籍制度本身的改革，而是要逐步剥离与其捆绑的各种公共服务和社会福利，要进行教育、医药、养老等多方面的配套改革。然而，有关教育、医药、就业、养老等方面的细则尚未出台，若想使户籍制度改革卓有成效，真正达到此次户籍改革的目的，即打破城乡二元结构，实现城乡统一和资源共享，关键是制定相关政策和法规细则。

我国城镇化的核心是人的城镇化，实现人的城镇化，户籍改革是关键。目前，党中央明文规定，取消农业户口和非农业户口，打破城乡二元结构，迈出了户籍改革关键而重要的一步，但是户籍改革任重道远，这只是刚刚开始，要想真正达到户籍改革的目标，提高城镇化的质量和水平，还需要从就业、教育、医疗等多个领域着手，制定相关政策，为户籍改革保驾护航，真正实现户籍人口和城市外来人口共享社会资源，让外来人口更好地融入城市，成为名副其实的城市居民。

第二节　建立健全城乡一体化土地市场

土地制度作为城镇化的基石之一，关系城镇化的水平和质量。随着近年来城镇化的迅猛发展，土地扩张加剧，需求增加，但是作为不可再生资源，土地的总量有限，尤其是城镇建设用地更是日益减少，供需矛盾突出。现行土地制度的内在缺陷和深层矛盾也日益凸显，严重阻碍了新型城镇化发展的步伐。在土地征收方面，存在征地补偿不合理，忽视农民意愿，且对于失地农民没有给予很好的安置。在农村集体建设用地流转方面，存在着土地产权不明晰，不利于农村建设用地进入市场流转；农村集体建设用地与城市建设用地不能实现同地同价；对于农村集体建设用地流转缺乏完善的政策指导等诸多问题。

解决城镇化中的土地问题，关键是解决土地供需矛盾，而解决土地供需矛盾除了集约化利用土地外，增加土地供应是一个重要手段。农村集体建设用地是城镇化建设中土地的最重要来源，农村集体建设用地进入市场流转，一方面可以增加农民收益，另一方面可以缓解城市建设用地供应不足的局面，但是，农村集体建设用地流转政策法规尚不完善，仍需要从明晰产权、规范市场、完善农村集体建设用地流转服务体系等方面进行调整，因此，加快建立健全城乡土地市场势在必行。

一、明晰产权，保障农民权益

经济体制的核心是产权制度，土地产权问题的解决是生产要素得以在城乡合理流动的前提，是农村集体建设用地流转的最基本条件，也是实现城乡统筹发展的关键。对农村土地产权的界定，可根据集体建设用地的形成过程，明确土地所有者或者产权人，尤其要注重在保障国家和集体利益的前提下，保护和强化农民土地财产权利，赋予农民对于集体建设用地收益权。同时，将经济管理职能与村委会的公共服务职能分开，简化农村土地集体所有权的主体结构。除此之外，还要加强农村集体土地的确权工作，明晰土地产权主体。只有在产权主体明晰的情况下，农村集体建设用地的流转才能真正保障农民的合法权益。

二、建立健全城乡统筹的集体建设用地流转市场

建立健全城乡统筹的集体建设用地流转市场，可以从以下三个方面入手：

1. 完善集体建设用地流转市场政策法规，建立城乡一体化的集体建设用地流转市场

农村土地制度改革应首先从立法入手，以法律做保障。中共十八届三中全会审议通过的《中共中央关于全面深化改革若干重大问题的决定》指出，要建立城乡统一的建设用地市场。在符合规划和用途管制前提下，允许农村集体经营性建设用地出让、租赁、入股，实行与国有土地同等入市、同权同价。但是在如何建立城乡统一的建设用地市场、如何规范市场等方面，《决定》并没有给出明确规定。未来建立集体建设用地流转市场，可参照国有建设用地市场分设一级市场和二级市场的做法。在一级市场，明确集体建设用地的转让、出让权利，使其与国有土地同权同价，而农户或者其他农业生产单位可以获得农村集体建设用地的转让权。在二级市场，农户或其他农业生产单位可将农村集体建设用地使用权转让给其他土地使用者，农户或者村集体通过租金等形式获得收益。

2. 健全农村集体建设用地的价格形成机制

按照马克思主义的经济理论，进入市场流通的商品必然有价格。合理的农村集体建设用地价格，不仅能正确反映土地价值，也能为征收土地税费提供参考依据。作为一种特殊商品，土地具有其特殊性，且因位置、用途、利用强度、收益等不同，价格也呈现差异。因此，需要出台农村集体建设用地的估价规程，同时参考农用地的分等定级规程建立农村集体建设用地的分等定级体系，为农村集体建设用地进入市场流转奠定基础，防止出现流转价格过高或过低的问题。

3. 确定农村集体建设用地入市流转的利益分配

农村集体建设用地入市流转必然会带来一定的增值收益，因此要建立起合理的农村集体建设用地利益分配机制，在保障农民利益的前提下，在政府、集体和农民之间进行合理分配。一方面，要确保农民利益不受损害，以增加农民的土地财产收入；另一方面，要给予集体和国家一定的增值收益。因此，需要建立农村集体建设用地增值收益分配机制，根据政府、集体和农民在农村集体建设用地流转中的角色和作用差异合理确定分配比例。

三、加强农村集体建设用地流转市场服务管理体系建设

农村集体建设用地流转市场的规范运行离不开两方面的因素，一方面是专门机构对市场进行合理的规范和引导，即主要负责按照土地利用总体规划审核准入土地，公布欲流转土地信息，防止集体建设用地流转杂乱、无序。此外，还要保证土地流转税费统一，建立农村集体建设用地确权登记制度和其他保障交易安全进行的制度。另一方面是完善农村集体建设用地流转所需要的各种中介服务系统。农村集体建设用地的流转必然要涉及土地的评估、咨询、委托代理等，因此，为使土地流转更加专业化和市场化，需要健全土地流转前、中、后的各种服务系统，如土地评估机构、土地咨询公司、土地委托代理公司等。此外，对于一些盈利少、难度高，商业公司不愿进入的领域，政府可适当制定鼓励性政策，以保障土地流转的规范有序进行。

第三节　创新社会保障机制

社会保障是通过立法，用经济手段解决无收入、低收入以及遭受意外灾害的公民的基本生存问题，保障劳动者在年老、失业、患病、工伤、生育时的基本生活不受影响，是维护社会公平、促进人民福祉和实现国民共享发展成果的基本制度保障。目前，我国的社会保障主要涉及养老保险、医疗保险、社会救助等方面，城乡之间差别较大。随着我国城镇化的不断深入发展，社会保障体系愈加不能适应城镇化发展的需求，城乡有别的社会保障逐渐成为城镇化发展的桎梏，加快改革势在必行。未来，我国社会保障体系将从建设城乡统一的养老保险制度、构建多层次医疗保障体系、完善社会救助制度、拓展社会保障融资渠道等方面进行改革，以使其更好地适应社会和新型城镇化的发展需求。

一、加快建设城乡统一的养老保险制度

我国现行养老保险制度实行多轨制，按覆盖人群不同分为农村养老保险、城镇居民养老保险、城镇职工养老保险、机关事业单位养老保险。在城乡一体化的

过程中，由于城乡养老保险制度不能很好地衔接，导致转移进城农民的养老保险问题不能得到很好的解决。因此，比照城镇居民社会养老保险制度的框架和标准来建立新型农村社会养老保险，是建立城乡统一养老保险制度的突破口。

1. 加快推进农村养老保险和城镇居民养老保险实质性并轨

2014 年 2 月 7 日，国务院常务会议决定合并新型农村社会养老保险和城镇居民社会养老保险，建立全国统一的城乡居民基本养老保险制度，合并后的新型农村社会养老保险、城镇居民社会养老保险在制度模式、筹资方式、待遇支付等方面基本一致，迈出了建设城乡统一养老保险制度的第一步。未来，可从以下三个方面加快推进农村养老保险和城镇居民养老保险的实质性并轨。首先，扩大城镇养老保险的覆盖面，将没有参加城镇养老保险的居民纳入城镇养老保险体系；其次，建立保险费用的折算机制，规范城乡养老保险并轨；最后，逐步提高农村养老保险水平，实现城乡养老待遇的统一。

2. 推进城镇职工养老保险和机关事业单位养老保险制度改革，建立统一的国民基本养老保险制度

建立全国统一的养老保险制度，难点在城镇职工养老保险和机关事业单位养老保险的并轨，可从以下两个方面入手突破改革难点。第一，推进公务员及事业单位改革，将事业单位人员逐渐纳入社会养老保险体系，并逐步将公务员养老保险与社会养老保险并轨。事业单位和公务员体制的改革必然会涉及财务预算的改革，因此，应同步适时调整财务预算。第二，城镇职工养老保险和城镇居民养老保险在缴纳费用、待遇水平等方面差异较大，未来可通过加大财政补贴、提高个人缴费标准等方式，实现两种养老保险的接轨。

二、构建多层次城乡医疗保障体系

我国现行医疗保障体系存在医疗保险运行机制、城乡医疗保险制度不合理等问题。一方面，城镇的居民医疗保险覆盖面窄；另一方面，新型农村合作医疗制度并不完善，不能很好地为农村居民服务。城镇化的发展必然带来更多人口的流动，由于各地方医疗保险制度的差异，人口流动必然会给我国医疗保险制度带来新的挑战。

1. 完善新农合制度，缩小农村与城镇医疗保险差距

应进一步完善新农合制度，扩大覆盖面，将还未纳入新农合保障体系的农民尽快纳入新农合保障体系，建立县、乡、村三级的卫生体系。新农合定点医院多

为乡卫生所，要进一步增加新农合定点医院，以方便农民看病和报销。此外，应加大财政对于新农合的投资力度，提高其保障能力。

2. 扩大城镇医疗保险的覆盖范围

目前，我国城镇医疗保险主要覆盖城镇的在职职工，对于无职业者或者工厂企业倒闭职工，不能完全覆盖，未来应进一步将此类人群纳入城镇居民医疗保险内。此外，政府可适当提高城镇居民医疗保险的报销比例，提高城镇居民医疗保险保障水平。

3. 适当引入商业保险，补充社会保险不足

随着我国社会保险制度的不断发展，越来越多的人享受到社会保险的福利，但是目前我国的全民社会保险仍然处于建设阶段，并不完善。而作为社会保险最有效补充的商业保险已经形成了一定的市场基础且相对比较成熟。因此，对于经济发达地区，政府可适当引入商业保险，通过与商业保险公司合作，发挥商业保险的补充性作用，利用商业保险多样化的产品和服务，提高社会保障的整体水平，丰富社会保障体系的层次结构，提高社会保障体系的运行效率。

三、完善社会救助制度

社会救助制度是社会保障体系的重要组成部分，是国家和社会按照法定程序，在公民难以维持基本生活时，向其提供足以保障其最基本生活水平的社会救助。社会救助制度主要针对贫困人口或社会弱者。近年来，我国社会救助制度不断完善，整体功能不断增强，但是社会救助制度在诸多方面仍存在问题。首先，我国社会救助制度救助面窄，有大量人口处在救助的盲区；其次，社会救助水平较低，并不能满足被救助人群的基本生活。推进新型城镇化进程，最重要的就是要推进人的城镇化，社会救助制度作为保障困难居民基本生活的制度，需要从以下两个方面不断完善。

一方面，扩大社会救助制度的覆盖面，将游离于社会救助制度之外的人群纳入社会救助制度，保障其基本生活。目前，我国社会救助体系不能完全覆盖社会流浪人员、无职业人员等，使这些人游离于社会救助之外，而能否对社会流浪人员等给予及时救助也是衡量社会现代文明的一个重要方面，体现了社会管理水平的高低，也是城镇化发展水平的重要体现。因此，城镇化发展下的社会救助体系应该秉承“应保尽保、应保必保、应保快保”的原则，扩大社会救助体系的覆盖面。

另一方面，提高社会救助标准，同时健全医疗救助制度，保障被救助者生活质量。我国现行的救助标准往往不能满足被救助者的基本生活需要，在城镇化发展过程中，应根据社会发展情况适当提高救助标准，保障被救助者最基本的生活水准。此外，在满足被救助者基本生活要求的前提下，也要重视被救助人群在就业看病方面的需求，健全医疗救助制度，提高被救助人群的生活水平。

四、拓展社会保障融资渠道

随着新型城镇化推进，社会保障制度的城乡一体化改革愈来愈受到关注，而长期以来受到我国城乡二元分割的影响，城乡无论是在养老保险、医疗保险还是社会救助方面均有明显差距，要实现城乡统一的社会保障制度，就需要加大资金投入，提高农村的社会保障水平。因此，在土地财政饱受诟病的情况下，应拓展多元化的融资渠道，助力社会保障制度改革。首先，借鉴国外在社会保障资金筹措方面的经验，可以在全国范围内征收社会保障税，增加社会保障资金来源。其次，加强社保基金的征缴，杜绝少缴、漏缴、欠缴情况。最后，在确保社保基金安全的前提下，可将部分社保基金用于投资，确保其保值增值。

第四节　加强资金保障制度建设

城镇化发展过程中，户籍改革、土地改革、社会保障体系改革等都尤为重要，但是城镇化发展离不开资金支持，尤其是近年来随着城镇化的深入发展，城镇基础设施建设、社会保障体系完善、农民进城就业扶持等均需要资金，资金短缺俨然成为现阶段城镇化发展的最大难题之一，如何持续地有效筹集城镇化所需要的巨额资金成为近年来城镇化研究的重点。目前，城镇化发展资金主要来自于政府财政收入、地方税收等方面，伴随土地改革，土地增值收益增加，必然要求调整现行财税体制机制，完善地方税体系，给予地方更多的税收支持。除此之外，拓展融资渠道，增加资金来源也是极为重要的一方面。政府可通过采取创新金融与投融资机制体制，鼓励民间资本参与城市基础设施建设等手段，以获得更多资金支持，促进城镇化发展。

一、加快改革创新财税体制机制，完善地方税体系

在新型城镇化过程中，大量人口转移进城，医疗、教育等方面均需要政府给予财政支持；另外，随着土地制度改革，土地收益面临重新分配，影响地方财政收入，必然要求财税体制改革，以适应城镇化改革的新需求。

1. 中央适当解放财权，小城镇做到财权与事权统一

自 1994 年起，我国实行分税制改革，中央收回财权，事权下放地方，这就造成财政的预决算权在上级政府手中，而分配给小城镇的资金有限，造成小城镇财政困难。未来，中央应适当解放财权，使小城镇的财权与事权统一，从而增加地方收入。例如，将城市基础设施改善而带来的财产增值作为基本税源，事权也主要由地方政府承担，二者具有较强的一致性，这类税收由地方财政自行归集和使用，有利于激励其主动改善公共设施和服务。

2. 完善地方税体系

推进税收体制改革，包括“营改增”改革逐步深入、房产税推行至全国，以及资源税改革等，同时建立地方主体税种，完善地方税体系。中央通过推进税制改革，对税收收入进行再分配，增加地方财政收入，缓解地方财政压力。但是，这可能会降低转移支付的能力，因此需要在不同的地区进行统筹平衡。

二、创新金融与投融资机制体制

创新金融与投融资机制体制改革对于建立多元化的资金渠道，拓展资金来源十分重要。未来，可从以下四个方面着手：

第一，创新信贷管理制度。目前，银行信贷仍然是城镇化发展资金的重要来源，受制于资本充足率、存贷比等银行监管标准的提高，以及地方政府融资平台贷款和房地产贷款等信贷风险累积的压力，银行业金融机构对参与和支持新型城镇化采取了比较谨慎的策略。未来，银行金融机构应按照中央有关新型城镇化的部署和战略规划，增强服务城镇化建设的自觉性和主动性，找准自身的切入点，并不断创新金融产品和服务，为城镇化建设提供综合化和创新性的金融服务。

第二，发挥政策性金融机构在城镇化建设中的先导作用。政策性金融机构具有鲜明的政府特点，其在尊重各类主体职能与运作规律的前提下，积极整合政策、财政、土地、金融和行政等资源，不仅可有力推动城镇化建设，还可为商业

金融和社会资本的进一步引入创造条件。

第三，鼓励民营银行和其他民营金融机构参与到城镇化建设中。随着城镇化的发展，企业发展、农民进城创业等均需要资金支持，而民营银行和民营金融机构拥有专业的队伍、独特的流程和考核激励机制，其在向企业提供资金支持方面具有独特的优势。未来，可放松对各类金融机构的准入限制，促进城市社区中小银行等民营金融机构的建立，形成多元适度竞争的金融体系，为企业发展和农民创业提供资金支持，进而拉动城镇化发展。

第四，加快推进城市基础设施的证券化，充分发挥证券市场的融资作用。目前，部分经营性的城市基础设施经营稳健，收益稳定，可选择将这类基础设施证券化，通过分享收益获得融资，缓解城市发展的资金压力。我国资产证券化处于发展阶段，体制机制尚不完善，亟须构建有利于资产证券化发展的法律法规体系、监管机制和信用环境等，为资产证券化保驾护航。

三、地方政府简政放权，鼓励民间资本参与新型城镇化融资

中央城镇化工作会议明确指出，“放宽市场准入，鼓励社会资本参与城市公用设施投资运营”，为民间资本参与新型城镇化建设提供了政策依据。民间资本参与城市基础设施建设，不仅可充分利用民间资金，减轻地方财政负担，而且可为我国民间资本投资提供新的路径。但是在实践中，民间资本参与城镇化建设还是处处碰壁，政府应简政放权，不仅是政策上鼓励民间资本参与城镇化建设，更要从实践上支持民间资本参与到城镇化建设中来，并从产业政策和财政资金引导等方面给予扶持和优惠，允许民间资本以更大的规模、更快的速度进入高速公路建设、城市污水处理、城市水务、城市供气等城市公用设施领域，加快参与新型城镇化的速度。

目前，地方政府主要通过投资少量资金，发展 BOT（建设—经营—转让）、BOO（建设—拥有—经营）、BTO（建设—转让—经营）等项目融资方式，盘活存量社会资本，这虽然为城镇化发展开创了新的融资方法，但仍然需要政府的引导作用，在项目前期的经营阶段，通过资金投入、信贷贴息等方法支持项目发展，随后才能通过逐渐引入民间资本参与项目经营开发，弥补项目经营开发过程中资金不足的缺陷，同时使民间资本在开发项目过程中获得收益，实现政府和民间资本的双赢。未来，应逐渐提高民间资本在参与竞争城市道路、园林、供水、供电等基础设施开发项目过程中的公平性，同时加快推进公用事业的市场化开发，并推进城市基础设施和公共事业逐步向民间资本转让产权或经营权。

参考文献

[1] Ray M Northam. Urban Geography [M]. New York: John Wiley&Sons, 1979.

[2] 新玉言. 新型城镇化理论发展与前景透析 [M]. 北京：国家行政学院出版社，2013.

[3] 新玉言. 国外城镇化比较研究与经验启示 [M]. 北京：国家行政学院出版社，2013.

[4] 国家发改委对外经济研究所城镇化问题研究课题组. 中国新型城镇化建设党员干部读本 [M]. 北京：新华出版社，2013.

[5] 杨伟民，蔡昉等. 中国发展研究报告 2010：促进人的发展的中国新型城市化战略 [M]. 北京：人民出版社，2010.

[6] 平安银行地产金融事业部，北京大学经济研究所. 城镇化投融资白皮书 [Z]. 2013.

[7] 钱纳里等. 发展的模型 1950~1970 [M]. 北京：经济科学出版社，1975.

[8] 2013 中国统计年鉴 [EB/OL]. 国家统计局网站，2013.

[9] 阿瑟·刘易斯. 二元经济论 [M]. 北京：北京经济学院出版社，1989.

[10] 中共中央，国务院. 国家新型城镇化规划（2014~2020 年）[M]. 北京：人民出版社，2014.

[11] 刘守英，周飞丹，邵挺. 土地制度改革与转变发展方式 [M]. 北京：中国发展出版社，2012.

[12] 潘家华，魏后凯. 城市蓝皮书：中国城市发展报告（2012）[M]. 北京：社会科学文献出版社，2012.

[13] 潘家华，魏后凯. 城市蓝皮书：中国城市发展报告——农村转移人口的市民化 [M]. 北京：社会科学文献出版社，2013.

[14] 邱国平，王凤红. 城镇化对生态环境保护的影响和对策分析 [J]. 中外

企业家，2013（19）.

［15］李佐军，盛三化. 城镇化进程中的环境保护：隐忧与应对［N］. 国家行政学院学报，2012（4）.

［16］魏后凯. 构建多元化的农民市民化成本分担机制［N］. 中国社会科学报，2013-03-01（A07）.

［17］严蓓蓓. 内涵式城镇化：完全城镇化的内涵、制约因素及实现路径［J］. 行政论坛，2013（6）.

［18］魏后凯，张燕. 全面推进中国城镇化绿色转型的思路与举措［J］. 经济纵横，2011（9）.

［19］陈凤桂，张虹鸥，吴旗韬，陈伟莲. 我国人口城镇化与土地城镇化协调发展研究［J］. 人文地理，2010（5）.

［20］刘勇. 中国城镇化发展的历程、问题和趋势［J］. 经济与管理研究，2011（3）.

［21］丁磊，轩敏收，田金磊，张贺. 中国城镇化与城市规模分布的区域差异研究［J］. 河南科学，2012（2）.

［22］刘海平. 新型城镇化内涵探析［J］. 决策探索，2012（7）.

［23］吴殿廷，赵林，高文姬. 新型城镇化的本质特征及其评价［J］. 北华大学学报（社会科学版），2013（6）.

［24］单卓然，黄亚平. “新型城镇化”概念内涵、目标内容、规划策略及认知误区解析［J］. 城市规划学刊，2013（2）.

［25］崔民初. 论托达罗模型的缺陷［N］. 鄂州大学学报，2002（4）.

［26］李琳. 破除城乡二元就业制度［J］. 发展研究，2006（9）.

［27］龚晓菊，郭倩. 第三产业发展与城镇化推进探讨［J］. 商业时代，2012（11）.

［28］张开华，万敏. 加大农村基础设施建设投入力度［J］. 科技进步与对策，2010（16）.

［29］梁欣然. 托达罗模型与中国农村剩余劳动力的转移［J］. 农业经济与科技，2007（8）.

［30］许峰. 托达罗基本模型的启示、发展和运用［J］. 财经研究，1999（6）.

［31］唐鹏. “全域成都”规划探讨［J］. 规划师，2009（8）.

［32］蒋和平. 中国特色农业现代化应走什么道路［J］. 经济学家，2009（10）.

［33］陈佳贵，黄群慧，吕铁，李晓华. 中国工业化进程报告（1995~2010）

[M]. 北京：社会科学文献出版社，2012.

[34] 钱小华. 我国第三产业发展现状及对策 [J]. 黑龙江对外经贸，2008（8）.

[35] 梁涤坚. 我国农村集体土地征收补偿标准法律研究——以中美对比为视角 [J]. 前言，2013（2）.

[36] 都沁军. 第三产业与城市化协调发展的对策研究 [J]. 城市发展研究，2005（5）.

[37] 冯垚. 城市群理论与都市圈理论比较 [J]. 理论与探索，2006（3）.

[38] 盛蓉. 大都市带理论的发生背景、生活方式变革与文化价值理论 [J]. 艺术百家，2011（6）.

[39] 王英. 浅析霍华德的田园城市理论 [N]. 潍坊学院学报，2011（6）.

[40] 国家发改委国地所课题组.我国城市群的发展阶段与十大城市群的功能定位 [J]. 改革，2009（9）.

[41] 姚士，李青等. 我国城市群总体发展趋势与方向初探 [J]. 地理研究，2010（8）.

[42] 陈康幼，张杨. 中国三大都市圈产业发展的现状、问题与对策 [DB/OL]. 百度文库，2011-12-20.

[43] 朱敏. 中国“三大都市圈”的功能定位——兼论其对重庆构建长江上游经济中心的启事 [J]. 重庆工商大学学报，2005，15（44）.

[44] 曾鹏，黄图毅，阙菲菲. 中国十大城市群空间结构特征比较研究 [J]. 经济地理，2011（4）.

[45] 梁俊强，梁浩. 新型城镇化的重要模式——绿色建筑产业新城 [J]. 建设科技，2013（7）.

[46] 文辉，王大伟. 以新型城镇化促进绿色能源消费 [J]. 中国经贸导刊，2012（16）.

[47] 吴波. 论我国财政农业科技投入 [J]. 社会科学家，2013（2）.

[48] 田维波，邓宗兵. 我国农业科技发展的主要问题及对策 [J]. 生态经济，2010（6）.

[49] 肖鹏程. 日本北九州生态城发展循环经济的经验及启示 [J]. 西南科技大学学报（哲学社会科学版），2010，27（1）.

[50] 湿晓红，叶钟. 日本北九州城市产业转型的成功经验及启示 [J]. 西南农业大学学报（社会科学版），2012（10）.

[51] 宋金平，李香芹. 美国的城市化历程及对我国的启示 [J]. 城市问题，2006（1）.

[52] 周彦珍，李杨. 英国、法国、德国城镇化发展模式 [J]. 世界农业，2013（12）.

[53] 何志扬. 城市化道路国际比较研究 [D]. 武汉：武汉大学博士学位论文，2009.

[54] 金元欢，王剑. 韩国城市化发展模式研究 [J]. 城市问题，1996（6）.

[55] 李辉，刘春艳. 日本与韩国城市化及发展模式分析 [J]. 现代日本经济，2008（4）.

[56] 张林. 我国城镇化与服务业协调发展分析 [J]. 现代经济信息，2013（6）.

[57] 范新安. 城镇化发展中的投融资问题 [J]. 合作经济与科技，2014（3）.

[58] 杨赛男. 促进城镇化进程的社会保障政策研究 [D]. 哈尔滨：哈尔滨商业大学硕士学位论文，2013.

[59] 牟小林. 中国城镇化进程及政策研究 [D]. 成都：电子科技大学硕士学位论文，2006.

[60] 黄燕芬，陆俊，杨宜勇. 中国新型城镇化过程中的财税制度取向与配套改革 [J]. 经济研究参考，2013（67）.